Gunther Geipel

Physik, Philosophie, Theologie: Faszinierende Einblicke und Ausblicke

Gunther Geipel

Physik, Philosophie, Theologie: Faszinierende Einblicke und Ausblicke

Wissenschaft und Weisheit für "Jedermann"

Fromm Verlag

Imprint

Publisher:
Fromm Verlag
is a trademark of
International Book Market Service Ltd., member of OmniScriptum Publishing Group
17 Meldrum Street, Beau Bassin 71504, Mauritius

Printed at: see last page
ISBN: 978-613-8-35591-5

Physik, Philosophie, Theologie: Faszinierende Einblicke und Ausblicke. Wissenschaft und Weisheit für „Jedermann“

Von Gunther Geipel

Kleine Texte zu großen Themen

Vereinfache das Komplizierte und kompliziere nicht das Einfache!
Papst Johannes XXIII.

Das Einfache ist immer das Schwierigste. In Wirklichkeit ist Einfachsein höchste Kunst.
C.G. Jung

Inhaltsverzeichnis

VORWORT von Prof. Dr. Herbert Pietschmann

Gerne erinnere ich mich eines Telefongesprächs in meiner aktiven Zeit am Institut für theoretische Physik der Universität Wien; eine nette Dame hatte mich um eine Auskunft gebeten. Sie sei Dolmetscherin und müsse eine Arbeit über „Electron Spin“ ins Deutsche übersetzen. In ihrem Lexikon wird „Spin“ mit „Drall“ übersetzt, aber sie sei der Meinung, dass „Spin“ auch im Deutschen so genannt würde. Ich pflichtete ihr bei und nach ihrem Dankeschön bat sie noch um eine weitere Auskunft: Sie wolle immer verstehen, was sie übersetze und fragte, ob sie sich unter „Spin“ eine Art Eigenrotation des Elektrons vorstellen dürfte. Ich antwortete, scheinbar entsetzt, das sei absolut falsch, denn das freie Elektron ist ein punktförmiges Teilchen und ein Punkt könne nicht rotieren, das gebundene Elektron hingegen ist eine stationäre Ladungsverteilung und wenn die rotieren könnte, dann wäre das kein Spin sondern höchstens ein so genannter „Bahn-Drehimpuls“. Aber – so sagte ich versöhnlich – wenn Sie mich fragen: Ich stelle es mir auch wie eine Eigenrotation vor!
Damit ist ein Teil der Problematik, der sich dieses Buch gewidmet hat, schon umschrieben. Die Quantenphysik hat unglaubliche Erfolge bis hin zu Anwendungen im Alltag erzielt; aber anschaulich ist sie nicht! Wolfgang Pauli, einer der Mitbegründer dieser wunderbaren Wissenschaft, soll einmal auf die Frage: “Wie sieht ein Elektron aus?“ geantwortet haben „Ein Elektron sieht nicht aus!“. Der Mitbegründer der modernen Quantenfeldtheorie, Richard Feynman, hat in seinen bekannten „Lectures on Physics“ über die Quantenphysik geschrieben: „Selbst Experten verstehen sie nicht so, wie sie gerne wollten, und das ist auch in Ordnung, weil sich alle menschliche Erfahrung und Intuition auf große Objekte bezieht.“ Dabei wird in guter Tradition des Abendlandes „Verständnis“ mit „Anschaulichkeit“ in einen Topf geworfen. Ich meine, „verstehen“ können wir die Quantenphysik sehr wohl, sonst könnten wir mit ihr nicht so erstaunliche Erfolge erzielen. Auf Anschaulichkeit müssen wir dabei leider verzichten.
Das ist die große Herausforderung bei jeder allgemein verständlichen Darstellung der modernen Physik, die auf Mathematik verzichten muss. Es ergibt sich dabei eine Gratwanderung mit den beiden „Absturz-Gefahren“ Trivialisierung und Unverständlichkeit. Ich habe mich beim genauen Lesen dieses schönen Buches überzeugen können, dass nirgends ein Absturz in die eine oder andere Richtung erfolgt, dass es bei einer Wanderung am Grat bleibt und der Leserin oder dem Leser stets Aussicht nach beiden Seiten geboten wird.
Die Darstellung der Errungenschaften moderner Physik ist aber nur die eine Seite des Buches – gewissermaßen die Vorbereitung auf die wesentliche Aussage. Die andere Seite ist, wie ich meine, noch

bedeutsamer; es geht dabei um die Sinnfrage der Welt und des menschlichen Lebens. Und da ist eine Aporie, ein wesentlicher Widerspruch, nicht zu vermeiden. Wiederum ergibt sich eine Gratwanderung, wobei auf der einen Seite die Ansicht steht, Naturwissenschaft habe mit der Sinnfrage nichts zu tun, auf der anderen Seite die Meinung vertreten wird, der Sinn ließe sich so aus der Naturwissenschaft ableiten wie die Bewegung eines geladenen Teilchens im elektromagnetischen Feld.

Die zweite Gratwanderung entspricht einer Synthese des genannten Widerspruchs wobei immer mitgedacht werden muss, dass Sinnfragen nicht für alle zwingend gelöst werden können, sondern auf eigene Zustimmung angewiesen sind. Auch in diesem Falle bin ich mit dem Autor einig, er bleibt während des ganzen Buches auf diesem Grat und bringt damit – wie bei jeder Gratwanderung – frische Luft und Sonnenschein in seine Überlegungen, wo immer das möglich ist.

Verwandt mit der zweiten Gratwanderung ist eine dritte, die der Philosoph Ferdinand Ebner, der auch im Buch erwähnt wird, so schön beschreibt: Gott existiere nur in der zweiten Person, nicht in der dritten! Ich kann mit Gott sprechen, aber nicht über Ihn, weil das sofort zu Missverständnissen führt. In der Diskussion mit Atheisten sage ich gerne: An den Gott, an den Sie nicht glauben, glaube ich auch nicht.

Ganz ohne Gott kann aber über die letzten Dinge nicht gesprochen werden. Daher wieder die Gratwanderung. Wir Christen haben es ja ein wenig leichter; während das Heilige Buch der Taoisten mit den Worten beginnt: „Das ausgesprochene TAO ist nicht das TAO“, ist das WORT für uns Mensch geworden. Über Jesus können wir sehr wohl sprechen und meinen damit immer auch den dreieinigen Gott.

Aber ich komme nun schon in den Inhalt dieses Buches und der soll nicht im Vorwort vorweggenommen werden. Damit wünsche ich Ihnen, liebe Leserin, lieber Leser viel Gewinn bei der Lektüre dieses Buches.

A. Einführung

Naturwissenschaft ist einerseits der aktuelle Stand des Irrtums. Sie ist aber auch der aktuelle Stand wirklichkeitsnaher, prognosefähiger und anwendungstüchtiger Erkenntnis. Und sie kann zum „Sprungbrett“ über sich hinaus werden, hin zu höherer, weiterer und tieferer Erkenntnis, die uns im Leben und im Sterben helfen kann. Darum soll es im vorliegenden Buch gehen. Wir befragen dazu die Relativitätstheorie, die Quantentheorie und die Theorienkombinationen der Teilchenphysik.

Grundsätzliches

Das vorliegende Buch möchte im Sinne einer *„Open Science“* (Offener Wissenschaft) bestimmte Erkenntnisse einer größeren Zahl von Menschen zugänglich zu machen. Es will aber nicht im Sinne einer *„Pop Science“ (Eduard Kaeser)* die Grenzen zwischen Wissenschaft und Ideologie verwischen und große Namen dazu benutzen, dem Leser weismachen zu wollen, man könne die Wirklichkeit Gottes durch seriöse Wissenschaft entweder widerlegen oder beweisen.

Nun bin ich glücklicherweise weder ein „Pop-Wissenschaftler“ noch Gottes Anwalt. Treffend und neckisch heißt der Titel eines Aufsatzes: *„Wer rettet das Christentum vor seinen Verteidigern?“*[1] Und *Tuvia Tenenbom* schreibt in seinem jüdischen Humor, dass er eines Tages beschloss, dass Gott auch ohne seine Hilfe gut auf sich aufpassen könne. - Der lebendige Gott hat es in der Tat nicht nötig, dass wir ihn ängstlich verteidigen oder rechthaberisch rechtfertigen. Er entzieht sich den Möglichkeiten unserer wissenschaftlichen Beweise, weil sie ihm gegenüber zu klein sind und dem Versuch gleichen, entfernte Galaxien mit dem Mikroskop zu betrachten. Gut möglich ist es hingegen, Denkblockaden und fehlgeleitete Vorurteile aus dem Weg zu räumen. Es geht also nicht um ein verkrampftes Verteidigen Gottes, vielmehr soll ein Raum der Freiheit eröffnet werden, in dem der „innere Sprung“ als sinnvoll und lohnend erkennbar wird, in dem der „Sog“ und die Lust zum Springen entstehen.

Und für die, die schon „gesprungen“ sind, sollen Hilfen angeboten werden, sich nicht durch Scheinargumente das Beste madig machen zu lassen. Der Astronom und Wissenschaftshistoriker *Owen Gingerich* sagt zutreffend: *„...die die kosmische Teleologie ablehnen, auf ein kosmisches Roulette vertrauen und für die Zweckfreiheit des Universums eintreten, äußern keine wissenschaftlich fundierten Tatsachen; sie vertreten ihre persönliche metaphysische Meinung.“* Und zwar eine Meinung, die außerhalb des

[1] Wenzel, K.: Wer rettet das Christentum vor seinen Verteidigern? Slavoj Zizek dreht einen Film, in: Orientierung 66 (2002), S. 75-79

naturwissenschaftlichen Rahmens angesiedelt ist! Und der französische Literaturnobelpreisträger *François Mauriac* (1885-1970) meint, dass das Vertrauen auf die Allmacht des Zufalls weit mehr *"frommen Glauben"* erfordere als das, woran *"wir anderen armen Christen glauben"*. - So wahr ich nicht Gottes Anwalt bin, schäme ich mich aber auch meines Glaubens kein bisschen. Und ich meine, dafür auf vielen Ebenen gute Gründe zu haben...Aber eben keinen naturwissenschaftlichen Beweis!

Persönliches

Als Junge wusste ich nicht, ob ich besser Medizin, Musik oder Physik studieren sollte. Lebendige Vorbilder hatte ich für alle drei Aufgabenbereiche. - Die DDR-Funktionäre haben mir die Entscheidung abgenommen. Wegen meines offenen Bekenntnisses zum christlichen Glauben „flog" ich aus der Erweiterten Oberschule (heute: Gymnasium) und erhielt Studienverbot für die gesamte DDR. Nach einer völlig unerwarteten lebensverändernden persönlichen Christusbegegnung aber wurde aus viel Theorie plötzlich Erfahrung; und es öffnete sich eine ganz neue Richtung, an die ich merkwürdigerweise nie gedacht hatte: Theologie.

Medizin und Musik blieben zumindest als Hobbies bestehen, was man von der Physik kaum sagen kann. Nicht geahnt hätte ich (selbst im Theologiestudium noch nicht), wie schön und wichtig die Philosophie einmal für mich werden könnte. Vieles in unsrem Alltagsdenken und im gesellschaftlichen Geschehen hat philosophische Wurzeln, deren sich nur leider die meisten nicht bewusst sind, weshalb sie auch die giftigen Früchte arglos genießen. Über theologische und philosophische Fragen kam ich wieder zur Physik - und so lebte Stück um Stück eine „alte Liebe" wieder auf. Ja, moderne Physik ohne (teils sehr alte) Philosophie ist undenkbar. Und moderne Physik kann helfen, alte Philosophen und sogar die Bibel besser zu verstehen.

Nach der „Wende" im Jahr 1989 schlossen sich dann einige Kreise in erstaunlicher Weise: Genau in der Schule, die ich einst verlassen musste, unterrichtete ich viele Jahre Religion. (Eine Freude war mir dabei, dass mir Schüler, die nicht an Gott glaubten, sagten, dass sie bei mir Neues erfahren, aber keinen „Druck" zum Glauben hin empfunden hätten. Dass „Druck" in Glaubensfragen schlimm ist und eher das Gegenteil bewirkt, hatte ich ja „von der anderen Seite her" als Schüler selbst mit Schmerzen erlebt. - Das klare Angebot aber habe ich nie irgendwie versteckt.) Als Pfarrer im Kurort Bad Elster mit seinen 6 Kliniken bin ich häufig mit den Überschneidungen von Medizin und Seelsorge befasst.[2] Mit Musik habe ich durch die

[2] Meine Schrift „Gesundheit. Hilfen aus Bibel und Wissenschaft" ist inzwischen in 11. Auflage erschienen.

Gestaltung unserer Gottesdienste und durch die Kirchenmusiken in unserer „Kultur-und Festspielstadt“ ebenfalls immer wieder zu tun. Und zur Physik hin schließt sich gerade ein Kreis: aus meinen Notizen und einigen hier und da gehaltenen Vorträgen über erstaunliche Entdeckungen der modernen Physik entsteht gerade das Buch, das Sie, liebe Leserinnen und Leser, nun schon fertig vorliegen haben.

Verschränktes

Wie sehr Theologie, Philosophie, Medizin, Musik und Physik miteinander verschränkt sind, ist mir immer deutlicher geworden. Musik ist zentral und wichtig für unsere Gottesbegegnung. Laut Stargeiger *Yehudi Menuhin* (1916–1999) ist das Singen *„die eigentliche Muttersprache aller Menschen“*. Und die Bewegungen im Mikro- und Makrokosmos gleichen wohl am ehesten musikalischen Strukturen. Wie gesundheitsfördernd es ist, im Glauben Sinn und Halt zu finden, sich von Gott geliebt zu wissen, Vergebung durch Christus zu bekommen und den dreieinigen Gott mit alten und neuen Liedern zu loben, erlebe ich immer wieder neu voller Freude und mit Staunen.

Und so sind Naturwissenschaft, Philosophie, Kunst und Glaube eigenständige und sehr unterschiedliche Wege zur Wirklichkeit; zugleich aber sind sie eng miteinander verwoben. Und das liegt zunächst schlichtweg darin begründet, dass die Wirklichkeit eine einzige ist. Und es ist darin begründet, dass diese Wirklichkeit durch ein ständiges Zusammenspiel und unendlich viele Kommunikationsvorgänge miteinander verbunden ist.

Warum gerade Relativitäts-, Quanten- und Teilchenphysik?

Relativitätstheorie, Erkenntnisse der Quantenmechanik und das Wissen um die Elementarteilchen sind ja keinesfalls die einzigen wichtigen Entdeckungen und Forschungsfelder der Physik. Sie sind aber besonders fundamental. Und sie sind so sicher, dass sie sich (abgesehen von bestimmten Interpretationsfragen) nicht mehr sinnvoll bestreiten lassen. Sie haben sich als „prädiktive Theorien“, als treffsichere Prognosehilfen, vielfach und in erstaunlicher Weise bewährt und sind weit mehr als ein Spinnwebenetz von Vermutungen (was den Grundsatz nicht aushebelt, dass wir naturwissenschaftlich nicht weiter kommen als bis zum Grundsatzsatz: als richtig gilt zunächst einmal das gegenwärtig nicht als falsch Erwiesene, aber irgendwo kann es trotzdem noch den „schwarzen Schwan“ geben). Dass nun gerade diese merkwürdigen Theorien so sicher sind, ist schon erstaunlich…

Erstaunliches...

...werden wir nahezu auf Schritt und Tritt entdecken. Ist es z.B. nicht überaus erstaunlich,

- dass ein einziges Kilogramm Materie (ganz überwiegend in den Atomkernen) so viel Energie in sich birgt wie wir aus 3 Millionen Tonnen Braunkohle Verbrennungsenergie gewinnen können; das ist so viel Braunkohle, wie wir sie in einem Güterzug von über 700 Kilometern Länge transportieren müssten...
- dass ein einziger Kubikzentimeter Kernmaterie - also die Größe eines Spielwürfels - so viel wiegt wie 25 Millionen ausgewachsene Elefanten...
- dass sich zwischen Ihrem Gesicht und dem Text, den Sie eben lesen, viele Milliarden der kleinen „Flitzteilchen" befinden, die wir Photonen nennen...
- dass andere Elementarteilchen, die Neutrinos, problemlos durch die ganze Erde hindurch sausen können....
- und dass durch eine geheimnisvolle „Quantenverschränkung" zwei quellen-identische Teilchen trotz großer räumlicher Entfernung stets gleichzeitig das Gleiche tun???

Um Erstaunliches und Verschränktes (und erstaunlich Verschränktes) soll es gehen - und daraus könnte sogar ganz überaschend Persönliches werden...

Brot

Als „Laie" lebe ich von den Brotkrümeln, die von „der Herren Physiker" Tische fallen. Aber selbst die sind so reichlich und schmackhaft, dass ich sie gerne mit dem Leser teilen möchte. Und ich denke, es ist hier anders als etwa bei der berechtigten Kritik der Philosophin und Sozialreformerin *Simone Weil* an Karl Marx: der war für Simone Weil in seinen Abhandlungen über die Arbeiterklasse schon deshalb unglaubwürdig, weil er nie in seinem Leben eine Fabrik betreten hatte. - Ja, ich war nie im CERN[3] noch habe ich Physik studiert. Und doch meine ich, mit einer gewissen Berechtigung etwas über die „Brotkrumen" der Physiker sagen zu können. Und ich meine sogar, so richtig auf den Geschmack kommt man bei diesen „physikalischen Brotkrumen" eben erst „jenseits der Physik", wenn also die „Metaphysik" ins Spiel kommt und man die „Botschaften" zu hören beginnt, deren „Samen" uns durch die Ergebnisse der Physik

[3] CERN ist das Kürzel für »Conseil Europeen pour la Recherche Nucleaire«, das weltweit größte Forschungslabor der Elementarteilchenphysik. Es befindet sich in der Schweiz und ist ein 1954 gestartetes westeuropäisches Gemeinschaftsprojekt.

zugeflüstert werden. Das Erforschte kann zu *"Gucklöchern der Metaphysik" (Karl Jaspers)* werden.
Und das ist nun gerade mein „täglich Brot“, Botschaften weiterzugeben. Meistens ja aus dem anderen großen Buch, der Bibel, aber auch im „Buch der Natur“ finden sich großartige Botschaften. Wenn man durch die Abschnitte, die die moderne Physik in diesem Buch gerade mit besonderem Interesse liest, etwas mehr von sich und der Welt verstehen lernt, wenn man vielleicht sogar über den „physikalischen Brotkrumen“ vom Allerkleinsten (auf dem Weg des Staunens, nicht des Beweisens) zum Allergrößten gelangen kann, dann ist das geradezu ein Stück „Brot des Lebens“.

Übrigens: Dass wir die Rede von den „Brotkrumen, die von der Herren Tische fallen“, die Bitte um das „täglich Brot“ und die Selbstbezeichnung als „Brot des Lebens“ Jesus verdanken, ist zugleich eine symbolische Botschaft für die Philosophie des vorliegenden Buches: Wir werden darin die beiden großen Bücher - Natur und Bibel - nicht ohne gegenseitigen Bezug lesen.

Unwissenschaftlich?

Ist das aber nicht „unwissenschaftlich“ und damit eine Art Selbst-Disqualifikation, wenn jemand an naturwissenschaftliche Aussagen mit dem „Vorurteil“ herangehen will, dass wir zum tieferen Verstehen die Bibel brauchen? - Über die Bibel streiten wir uns jetzt besser erst einmal nicht! Aber ganz grundsätzlich gilt: irgendetwas völlig „vorurteilsfrei“ betrachten zu wollen, ist Unfug. In der Sprache der Wissenschaft: Es gibt ganz grundsätzlich keine Induktion ohne Deduktion, keine hineinführenden Aufschlüsse ohne Voraussetzungen und Ableitungen. Auch in der Naturwissenschaft nicht! *Albert Einstein* schrieb dazu im Berliner Tageblatt vom 25.12.1919 unter dem Titel *„Induktion und Deduktion in der Physik“: „Wenn nämlich der Forscher ohne irgendwelche vorgefasste Meinung an die Dinge heranginge, wie sollte er aus der ungeheuren Fülle kompliziertester Erfahrung überhaupt Tatsachen herausgreifen können, die einfach genug sind, um gesetzmäßige Zusammenhänge offenbar werden zu lassen?“* Einstein hielt sogar - wie man etwa seiner Geburtstagsrede für Max Planck aus dem Jahr 1918 entnehmen kann - grundsätzlich die Deduktion für die eigentliche Hauptmethode der neueren Physik. Nun meint Einstein hier andere Voraussetzungen als das Miteinander der beiden „großen Bücher“, das ist mir schon bewusst. Aber das jetzt auseinanderzufitzen und die Voraussetzungen von Forschung und Verstehen zu klassifizieren, ist für den Einstieg zu kompliziert. Überhaupt soll es in dem vorliegenden Buch nur um „Einstein für Einsteiger“, um ein „Quäntchen Quantenphysik“ und um „kleine Teilchen Teilchenphysik“ gehen. Um Brotkrumen für jedermann...oder besser: Jedermann

„Jedermann“

Das vorliegende Buch möchte also im Sinne „Offener Wissenschaft“ (Open Science) bestimmte Erkenntnisse einer größeren Zahl von Menschen zugänglich zu machen, für jedermann verständlich sein. Vielleicht ist dem Leser aber die Großschreibung von „Jedermann“ im Buchtitel aufgefallen. Das ist eine Anspielung an *Hugo von Hofmannsthals* Theaterstück *„Jedermann“*, das mit den Mitteln des mittelalterlichen Mysterienspiels die gottvergessene Welt der Gegenwart, das Gericht und die Gnade Gottes und unser aller Leben und Sterben thematisiert.[4] - Wohl sind auch Wissensdrang und Begeisterung legitime Motive unserer Suche nach den größten und tiefsten Geheimnissen. Es geht aber um weit mehr als um die Befriedigung von Neugier; es geht letztlich darum, wie wir sinnvoll leben und hoffnungsvoll sterben können. Der russische Heilige *Seraphim von Sarow* sagte: *„Unser Leben ist ein Augenblick im Vergleich zur Ewigkeit.“* Wenn das wahr ist, setzt es für „Jedermann“ völlig neue Schwerpunkte.

Botschaften

Wenn wir im Folgenden ein wenig in das große Gesamtkunstwerk der Wirklichkeit hineinschauen, dann besitzt das seine Ermöglichung darin, dass wir Menschen trotz gigantischer Unterschiede zur Umwelt doch mit ihr „kompatibel“ und mit der grundsätzlich gleichen „Logos-Struktur“ ausgerüstet sind. Deshalb ist es sinnvoll und lohnend, Ergebnisse der Physik als „Keime“ von Lebensbotschaften zu hören. Die Frage nach der Möglichkeit, im Erstaunen und Staunen über das Große und das Allerkleinste sogar Hinweise auf den Allergrößten zu finden, wird die Reise dieses Buches durchziehen und als „Schlussstein des Gewölbes“ dann auch beschließen.

Dabei sollte immer im Blick bleiben, dass der „Sprung des Glaubens“ ein freiwilliger bleibt, eine Herzensentscheidung, für die die Naturwissenschaften und der Verstand viele gute Gründe liefern, aber eben keinen Zwang aufbauen können. *Hans-Dieter Mutschler* sagt in einem Vortrag über die Chaostheorie (auf die wir später noch kommen werden): *„Aus keiner wie auch immer gearteten physikalischen Theorie folgt keine wie auch immer geartete Metaphysik zwingend. Es ist ja gerade die Pointe und die Stärke moderner empirischer Wissenschaft, dass sie sich von solchen weltanschaulich-metaphysischen Rahmenbedingungen unabhängig macht.“* [5]

---

[4] „Jedermann. Das Spiel vom Sterben des reichen Mannes“ von Hugo von Hofmannsthal wurde 1911 in Berlin uraufgeführt und ist seit 1920 alljährlich bei den Salzburger Festspielen zu sehen.

[5] Mutschler, Hans-Dieter: Chaostheorie und Theologie
https://www.forum-grenzfragen.de/wp-content/uploads/2016/04/Mutschler_Chaostheorie.pdf
(S.7)

B. Wissenschaft, Sprache, Verständlichkeit

1. Einfach gesagt...

Meine Frau hatte eine andere Frau einige Zeit nicht gesehen und sagte hinterher betroffen: „Wie kann man denn in so kurzer Zeit so alt werden?!" Einer unser Enkel darauf: „Na, sie hat wahrscheinlich jeden Tag Geburtstag gehabt!" - Das ist „Spezielle Relativitätstheorie", bei der die Zeit merkwürdige Dinge macht.

Ebenfalls unser Enkel: „Oma, das kleine Eis schaff' ich nicht, ich schaff' nur ein ganz, ganz großes Eis!" - Das ist „Allgemeine Relativitätstheorie", bei der eine bestimmte „Anziehungskraft" bestimmte Größen erstaunlich verändern kann.

Nun ja, der Kindermund spricht nicht wirklich das aus, was man in der Physik unter Relativitätstheorie versteht. Die Logik der Relativitätstheorie ist eher noch frappierender: Je schneller die Bewegung, desto langsamer vergeht die Zeit. Raum und Zeit sind in unterschiedlich bewegten Bezugssystemen laut Spezieller Relativitätstheorie keine unveränderlichen Größen mehr...Und die Allgemeine Relativitätstheorie besagt, dass sich nicht nur Eismengen im Kopf eine kleines Jungen durch ihre „Anziehungskraft" wunderbar verändern können, sondern gigantische Größen im Weltall. Was die Allgemeine Relativitätstheorie über das Ganze des Universums sagt, über die „gekrümmte Raumzeit", und wie man auf der Grundlage dieser Theorie „Dunkle Materie" und „Schwarze Löcher" aufspüren kann, das ist nun kaum noch so ganz einfach zu sagen...

Quantenphysik ist die ebenso schockierende wie erstaunliche Entdeckung, dass wir als „Miniwesen" in der „Quantenwelt" zur gleichen Zeit in Frankfurt/Oder und in Frankfurt/Main sein könnten. Und dass wir nirgendwo „große Sprünge", sondern nur winzige „Quantensprünge" machen könnten! Seit der altgriechischen Philosophie (konkret: seit den Eleaten und Aristoteles) war man der Meinung, die Natur mache keine Sprünge. Alles in der Natur sei also „stufenlos geregelt" und kontinuierlich. Am Anfang des 20. Jahrhunderts geschah dann aber eine wissenschaftliche Revolution durch die Entdeckung, dass es in der Miniwelt doch Sprünge gibt; und ohne dieses System der „gestuften Festlegung der Sprungweiten" würden viele unserer Freunde in der Quantenwelt, die Elektronen, ungebremst in den Atomkern stürzen. Schließlich ziehen sich positive und negative Ladungen gegenseitig an - und ein Atom würde sich sofort auflösen oder „verklumpen". Nun aber gibt es feststehende „Regale" - und selbst die kleinen Sprünge von einem zum andern Brett sind so anstrengend, dass sie ohne zusätzliche Energie von außen nicht zu schaffen sind. Dem Quantensprung muss also „auf die Sprünge geholfen werden“.[6] Und weil das meistens nicht geschieht, bleiben die Elektronen schön auf ihrem Regalbrett hocken (und hüpfen sogar gerne wieder zurück). - Nun ja, das ungefähr ist Quantenphysik.

Die ganze „Quantenwelt“ und die in ihr agierende Teilchenphysik haben es mit Dingen zu tun, die man sich entweder überhaupt nicht vorstellen kann - oder falsch (natürlich gibt es dort keine „Städte“ und „Regale“). Sich nichts vorzustellen, widerstrebt uns aber und ist problematisch, weil man dann auch schwierig darüber forschen geschweige denn davon reden kann. Die einzig sinnvolle Vorstellungsmöglichkeit scheint zu sein, es sich falsch vorzustellen - und sich hinterher vorzustellen, was genau man sich zuvor falsch vorgestellt hat.

Schon der Name „Teilchenphysik“ ist eigentlich falsch, weil die winzig kleinen Elementarteilchen (Elektronen, Quarks…) gar keine Teilchen oder Kügelchen sind, sondern Wellen (die eben von „Klein-Frankfurt/Oder“ bis „Klein-Frankfurt/Main“ schwingen können). Irgendwie sind die Wellen dann aber doch auch wieder Teilchen. Und als was sie sich gerade zeigen - als Welle oder als Teilchen-, hängt von uns ab: von der Art, wie wir sie anschauen.

Das so ungefähr ist Quantenmechanik und Teilchenphysik. Und bei der Quantentheorie und bei der Teilchenphysik gehört der Hinweis „so ungefähr“, eine gewisse Unschärfe also, sogar unmittelbar zum beweisbaren Kern der Sache. Ein Elementarteilchen hat eben gar keinen festen Ort, sondern nur eine „Aufenthaltswahrscheinlichkeit“ (eben von „Frankfurt/Oder“ bis „Frankfurt/Main“).

Es wird immer unglaublicher, je mehr man von diesen Dingen erfährt. Aber trotzdem stimmen sie.
Und diese wundersamen Theorien können dann sogar noch zu uns Menschen „sprechen“. Sie tragen Keime wichtiger Botschaften in sich, die wir glücklicherweise auch zu hören und zu verstehen vermögen.

---

[6] Der Begriff „Quantensprung“ ist in der Umgangssprache inzwischen in sein Gegenteil verkehrt als Ausdruck eines enorm großen oder wichtigen Sprunges nach vorn. „Doch wie kam es nun zu der falschen Verwendung des Begriffs Quantensprung? Er wurde von der Umgangssprache "adoptiert" aufgrund der revolutionär neuen Erkenntnisse, die mit der Quantenphysik verbunden waren. Der Umbruch in der Physik suggerierte: Hier geht es um etwas Großes, Bedeutendes.“
https://www.welt.de/wissenschaft/article996953/Grosse-und-kleine-Quantenspruenge.html

2. Das Komplizierte bleibt

Unser Ziel ist, Kompliziertes möglichst einfach zu sagen. Die Quantenmechanik und gar die Quantentheorie als Ganze ist aber in sich selbst so komplex und kompliziert und in ihrer Deutungsoffenheit so vielfältig,[7] dass die Wissenschaftler selbst „zu knaupeln" haben. Es ist eben z.B. alles andere als einfach zu entscheiden, welche Interpretation denn nun die richtige oder beste sei.

Ein bisschen hilft mir dabei allerdings (der ich ja viel weniger davon verstehe als die Fachgelehrten) gerade der Gedanke an das Einfache. Das Sparsamkeitsprinzip von Wilhelm von Ockham (sein „Rasiermesser") hat mich dafür sensibilisiert, Theorien mit sehr vielen unbeweisbaren Annahmen wie die „Viele-Welten-Theorie" als Deutung der Quantenmechanik eher kritisch zu sehen. Und so folge ich bis auf Weiteres der Kopenhagener Deutung der Quantenmechanik (einschließlich der Beachtung von Dekohärenz-Zuständen), weil sie nicht nur populär und mit großen Forschernamen verbunden ist (auch die ihr widersprechende „Ensemble-Interpretation" war mit großen Namen wie Albert Einstein und Karl Raimund Popper verbunden!), sondern weil sie sparsam und in dieser Weise „einfach" bleibt…und weil sie Geheimnisse stehenlassen kann, statt mit immer neuen aufwendigen „Tricks" Lösungen aus dem Hut zu zaubern.

3. Dilettanten braucht das Land!?

Wäre es nun aber nicht „einfach" und vernünftig, die Wissenschaft den Wissenschaftlern und den normalen Alltag den „normalen Leuten" zu überlassen? Ich will gerne zugeben: Man kann auch ohne Kenntnis der Quantenphysik gut durchs Leben kommen. Viele Generationen vor uns hätten sonst das Entscheidende verpasst. Der Gedanke eines minderwertigen Lebens in der „Vor-Quanten-Zeit" ist lächerlich. Und trotzdem gehören Wissenschaft und „normale Leute" eng zusammen. Zum einem sind auch Wissenschaftler „normale Leute" mit einem normalen Alltag. Und die vielen anderen „normalen Leute" nutzen die moderne Technik, die auf der modernen Wissenschaft beruht. Sie entscheiden sogar in demokratischen Prozessen weit mehr über wissenschaftliche Entwicklungen als ihnen bewusst ist. Mehr Wissen brächte hier und da also mehr sinnvoll eingesetztes Geld. Und deshalb meine ich: Möglichst viele Dilettanten braucht das Land!

---

[7] Siehe dazu als jüngeres Werk: Cord Friebe, Meinard Kuhlmann, Holger Lyre, Paul Näger, Oliver Passon, Manfred Stöckler: Philosophie der Quantenphysik. Einführung und Diskussion der zentralen Begriffe und Problemstellungen der Quantentheorie für Physiker und Philosophen, Berlin und Heidelberg 2015.

Ich habe ja schon zugeben, dass ich auf dem Gebiet der Physik ein „Dilettant“ bin. Und das bin ich mit großer Freude - und hoffentlich nicht im Sinne von „Pfuscher“, sondern im Ursprungssinn des Wortes! Das italienische „Dilettanti“ meint Leute mit Interesse und Kenntnissen für eine Sache - einfach aus Liebhaberei und ohne berufliche Verpflichtung. Und das italienische „dilettare“ kommt vom lateinischen „delectare“: sich erfreuen. Wenn ich sagte, ich sei mit Freude Dilettant, dann ist das also „doppeltgemoppelt“, weil die Freude eigentlich schon im Wort steckt.

Was wir nicht brauchen, sind Dilettanten im negativen Sinne, wie er heute dem Wort 'Dilettantismus' meistens untergeschoben wird. *M. Blondel* bewertete den Dilettantismus bereits 1893 im ersten Teil von *L'Action* als die in seiner Zeit einflussreichste Geisteshaltung. Und das eben in dem Sinne, dass das Halb- und Scheinwissen triumphiert und damit nichts Solides entstehen kann. *Theodor W. Adorno* hat dann in *„Theorie der Halbbildung“*[8] gezeigt, wie man in der aufstrebenden Bundesrepublik Deutschland durch das Vortragen halbverdauter Stichwörter aus der klassischen Bildung seine Zugehörigkeit zur Bildungsschicht demonstrieren wollte. An Adornos „Theorie der Halbbildung“ anknüpfend nennt *Konrad Paul Liessmann* seine Zeitanalyse verschärfend *„Theorie der Unbildung“.*[9] Er meint, ein Kennzeichen der Unbildung bestehe gerade darin, dass (noch einmal im Rückgang gegenüber der Halbbildung) nicht einmal mehr gewusst wird, was eigentlich gewusst werden sollte. In der Kurzbeschreibung heißt es: *„Was weiß die Wissensgesellschaft? Wer wird Millionär? Wirklich derjenige, der am meisten weiß? Wissen und Bildung sind, so heißt es, die wichtigsten Ressourcen des rohstoffarmen Europa. Debatten um mangelnde Qualität von Schulen und Studienbedingungen - Stichwort Pisa! - haben dennoch heute die Titelseiten erobert. In seinem hochaktuellen Buch entlarvt der Wiener Philosoph Konrad Paul Liessmann vieles, was unter dem Titel Wissensgesellschaft propagiert wird, als rhetorische Geste: Weniger um die Idee von Bildung gehe es dabei, als um handfeste politische und ökonomische Interessen. Eine fesselnde Streitschrift wider den Ungeist der Zeit.“*

Wir brauchen keine Scheinbildung, sondern „positiven Dilettantismus“ - oder nennen wir ihn „Kennerschaft“ - als gesellschaftlich notwendiges Bindeglied zwischen der Gelehrsamkeit und dem Alltag und der „Bürgerpflicht“. Nur so können demokratische Prozesse von Sachverstand

[8] Adorno, Theodor W., Theorie der Halbbildung (1959), in: Adorno, Theodor W., Gesammelte Schriften, Bd. 8, Soziologische Schriften I, Frankfurt a.M. 1972, 93-121.

[9] Liessmann, Konrad Paul, Theorie der Unbildung: Die Irrtümer der Wissensgesellschaft, Wien 2006.

begleitet und geleitet werden. *Albert Einstein* sagte einmal: *„Die Beschränkung der neuesten naturwissenschaftlichen Erkenntnisse auf eine kleine Gruppe von Menschen schwächt den philosophischen Geist eines Volkes und führt zu dessen geistiger Verarmung."* Der Konstanzer Professor für Wissenschaftsgeschichte *Ernst Peter Fischer* z.B. fordert deshalb „Kennerschaft" im Blick auf die Naturwissenschaften, weil sie für fundierte ethische und dann auch politische Entscheidungen unumgänglich sei (z.B. in den Fragen um Abtreibung und Gentechnologie). Fischer schrieb dazu eine allgemeinverständliche Einführung in die Naturwissenschaften.[10]

Kennerschaft ist also ein Weg der Wissensmultiplikation in die Gesellschaft hinein und ein Weg zu weisen Entscheidungen aus der Gesellschaft heraus. *„Die klassische, philosophisch begründete Theorie wußte, daß wissenschaftlicher Fortschritt der Einheit und allgemeinen sozialen Verfügbarkeit des Wissens bedarf, um zum gesellschaftlichen Fortschritt zu werden. In einer Zeit, in der die demokratische Kontrolle wissenschaftlich-technischer Entwicklung zur Überlebensfrage der Menschheit geworden ist, ist diese Einsicht aktueller denn je."*[11]

Man kann sich heute aber schlichtweg nicht mehr in vielen „Künsten" (wozu einst auch die Wissenschaften gerechnet wurden) und gar so umfangreichen Disziplinen wie der Physik oder gar der Medizin einigermaßen umfassend auskennen. Wird doch ca. aller 5 Minuten eine neue medizinische Entdeckung gemacht! Eine so riesige Zahl von Vorträgen werden allein beim deutschen Kardiologenkongress angeboten, dass man nur einen Bruchteil davon aufnehmen kann – und neben dem Herzen gibt es ja noch einiges mehr am Menschen…

Ich bin also trotz meiner Beschäftigung mit Medizin oder Physik weder Mediziner (und der ist nicht notwendigerweise schon wirklich Arzt!) noch Physiker. Aber auf diesen und einer Reihe anderer Gebiete bin ich mit immer neuer Freude ein „Dilettant", der sich über jede kleine Annäherung an die große Wissensmenge und über alles wirkliche Verstehen freut. Und ich wage als Dilettant sogar zu hoffen, dass das Folgende trotz seiner Begrenztheit „ins Schwarze trifft".

---

[10] Fischer, E. P.: Die andere Bildung. Was man von den Naturwissenschaften wissen sollte, Berlin [4]2005.

[11] Bracht, Ulla u.a.: Erziehung und Bildung. In: Europäische Enzyklopädie zu Philosophie und Wissenschaften, 4 Bände. Hrsg. Hansjörg Sandkühler u.a., Band 1, Hamburg 1990, S. 937.

4. „Uni für alle“: verständlich und trotzdem anspruchsvoll

In seinen langen Jahren der Gefangenschaft versammelte *Nelson Mandela* jeden Abend Gefangene um sich und lehrte sie sinnvolles und mögliches Verändern. Er bildete sie im besten Sinne und überzeugte sie dort auf der Gefangeneninsel Robben Island von der Möglichkeit eines friedlichen Umbruchs in Südafrika. Einige der Gefangenen sprachen später von dieser Zeit als von ihrer „Universität auf Robben Island“.

Unser Buch als sehr bescheidene „Uni für alle“ soll positive Dilettanten fördern. Und vielleicht gibt es unter uns sogar einen zweiten *Michael Faraday* (1791 -1867), der nie „richtig“ Physik studiert hatte und doch Physikprofessor und einer der bedeutendsten Physiker aller Zeiten wurde. Ganz allgemein gilt: *„Jeder Künstler war anfangs ein Amateur.“ (Ralph Waldo Emerson)*

Der „Dilettant“ Faraday wurde übrigens durch einen anderen „Dilettanten“ ermutigt und gefördert: der Goldschmied *John Tatum* hielt in seinem Haus wissenschaftliche Vorträge mit dem Ziel, Handwerkern und Lehrlingen den Zugang zu wissenschaftlichen Kenntnissen zu ermöglichen. Diese Vorträge besuchte der junge Buchbinderlehrling Faraday in den Jahren 1810/1811 und lernte dabei neben wissenschaftlichen Fakten auch wertvolle Freunde kennen. Und in seinen berühmten Weihnachtsvorlesungen (*Royal Institution Christmas Lectures*) gab später der inzwischen berühmte Professor Michael Faraday seine Entdeckungen wiederum an eine breite „dilettantische“ Hörerschaft weiter. Der einstige „Dilettant“ Faraday legte mit seinen Forschungen zur Elektrizität Grundlagen, die für die moderne Physik unentbehrlich werden sollten und ohne die es wohl auch das geheimnisvolle Kapitel der Quantenphysik nicht gäbe. *James Clerk Maxwell* schrieb 1873: *„Faraday ist der Vater der erweiterten Lehre des Elektromagnetismus, und wird dies immer bleiben.“*

Statt die Mehrzahl der „normalen Leute“ - die doch zugleich unmittelbar Betroffene sind - durch „Fachchinesisch“ von vorn herein auszugrenzen, wollen wir also möglichst verständlich schreiben und das „Fachchinesisch“ zu übersetzen versuchen. Zu einfach sollte es aber auch nicht zugehen! Tief im Menschen steckt die „Rätsellust“ (was man an der Beliebtheit von Quizz-Sendungen, Kreuzworträtseln und Sudokus sehen kann) und die Freude, gefordert zu werden. Aus der modernen Gehirnforschung weiß man: unser inneres Belohnungssystem schüttet genau dann Glücksstoffe aus, wenn wir selbst etwas entdeckt oder geschafft haben. Wir lieben deshalb (zumindest im geistigen Bereich) die anstrengende „Bergtour“ mehr als die bequeme „Bergbahn“ nach ganz oben.

Und simplifizierend darf es schon deshalb nicht werden, weil es sonst schnell entstellend wird. Insbesondere Meinungen, die wir nicht teilen, sind wir geneigt, zu simpel und damit oft falsch darzustellen. *„Bei allen intellektuellen Streitgesprächen neigen beide Seiten dazu, das richtig darzustellen, was sie bejahen, und das, was sie leugnen, falsch". (John Stuart Mill)* Es ist also eine Frage der Redlichkeit, nicht in die Falle der vereinfachenden Verzerrungen zu tappen. Die Gefahr ist nicht gering, auch ernstzunehmenden geistigen Gegnern mit Süffisanz statt mit wirklicher Substanz zu begegnen.

Als wichtiger Kontrapunkt dazu muss wiederum gesagt werden: Das Wahre ist oft einfacher als uns lieb ist. So kann ich *Walter Nigg* nur zustimmen, wenn er schreibt: Weil *„es den Menschen verdrießt, dass das Wahre so einfach ist"*, werde manches unnütz kompliziert gemacht.[12]

Alles Wahre als einfach zu bezeichnen, ist jedoch ebenfalls zu einfach! Uns geht es um komplizierte Dinge wie die Quantentheorie und letztlich um die Folgen solcher Theorien für unser Weltbild. Und damit geht es insgesamt um sehr komplexe Überlegungen. *Wolfgang Beinert* schrieb über sich selbst als Herausgeber des dreibändigen Werkes *„Glaubenszugänge"*: *„Eine leichte Lektüre ist das Werk gleichwohl nicht, muss er bemerken, um der Hinweispflicht auf Risiken und Nebenwirkungen zu genügen. Das liegt nicht zuletzt in der Sache selber, die höchste denkerische Anforderungen stellt, gerade weil es um die tiefsten Menschheitsfragen geht."*[13] Entsprechendes gilt für unser Buch. Es richtet sich an einen breiten Leserkreis, soll aber zugleich ein anspruchsvolles Buch sein. Unser Bemühen, bei aller Verständlichkeit nicht simplifizierend zu sein, machen die folgenden Seiten für manchen vielleicht nicht gerade zur leichten Kost; durch den Inhalt aber hoffentlich umso mehr zur nahrhaften Speise, zu Brot!

Und unsere eben gemachten „Sprünge" von „kompliziert" zu „einfach" und dann doch wieder zu „kompliziert" und zugleich „einfach" sind schon ein Indiz dafür, dass man vieles nur als gegensätzliche und doch einander ergänzende Wahrheiten sagen kann. Damit haben wir zugleich einen

---

[12] Nigg, Walter: Botschafter des Glaubens – Der Evangelisten Leben und Werk, Olten/Freiburg 1969, S. 192f Konkret geht es bei Nigg hier um Hypothesen hinsichtlich einiger biblischer Schriften. Statt das Johannesevangelium etwa in einem „krausen Gewirr von Hypothesen" enden zu lassen, wo man vor lauter Bäumen den Wald nicht mehr sehe, sollte man bei der Selbstaussage des Evangeliums bleiben, wonach es der Jünger geschrieben hat, der „es gesehen und bezeugt hat" (Joh 19,35. 20,2. 21,34 u. a.).

[13] Beinert, Wolfgang (Hrsg.): Glaubenszugänge. Lehrbuch der Katholischen Dogmatik in drei Bänden, Bd. 1, Paderborn, München Wien Zürich 1995, S. VIII

Vorgeschmack auf das „komplementäre Denken“, das uns für die Quantenphysik als fundamental begegnen wird.

5. Newton und Heisenberg

So ganz selbstverständlich ist es ja nicht, komplizierte Wissenschaft mit Allgemeinverständlichkeit zu verbinden. Aber es gibt gute Vorbilder dafür! *Isaac Newton* sagt im dritten Band seines Hauptwerks *„Philosophiae Naturalis Principia Mathematica“* von 1687: *„Es bleibt uns nun noch übrig, auf der Grundlage dieser Prinzipien den Aufbau des Weltsystems auseinanderzusetzen. Über dieses Thema habe ich das dritte Buch in allgemeinverständlicher Form abgefasst, damit es von recht vielen gelesen werden kann.“*[14]

Newton merkte nach dem Hinweis auf die allgemeinverständliche Form des dritten Band seiner *Principia* allerdings noch an, dass diejenigen, die die Grundprinzipien nicht verstanden hätten, auch die Schlussfolgerungen nicht verstehen können, sondern in ihren falschen Vorstellungen beharren werden. Auch hierin möchte ich mich ihm in gewisser Weise anschließen: Wer nicht zur Horizonterweiterung und zum Neu- und Umdenken bereit ist, wird bestimmte Wahrheiten auch trotz verständlicher Sprache nicht verstehen.

Auch *Werner Heisenberg,* wie Newton einer der ganz Großen untern den Physikern, verfasste eine größere Anzahl allgemeinverständliche Schriften, die ihn geradezu zum literarischen „Klassiker“ unter den Naturwissenschaftlern gemacht haben.[15] Heisenberg befasst sich darin mit Kernphysik, Erkenntnistheorie, Ästhetik, mit Wissenschaft und Politik und mit Wissenschaft und Technik. Ein Kernstück ist seine Autobiografie *„Der Teil und das Ganze. Gespräche im Umkreis der Atomphysik“*[16]. Das Spannende daran ist, dass es sich eben nicht nur fiktive Dialoge handelt, sondern Heisenberg alles aus eigenem Erleben wiedergeben kann.

6. Harald Fritzsch und Ernst Peter Fischer

Newton war es damals um den Makrokosmos und um die Gravitation gegangen. Über den Makrokosmos (und die berühmte Einsteinsche Formel $E=mc^2$) äußert sich auch *Harald Fritzsch*, ein bekannter deutscher Physiker unserer Tage, auf allgemeinverständliche Weise. Er lässt in seinem Buch

---

[14] Die mathematischen Prinzipien der Physik; übersetzt und herausgegeben von Volkmar Schüller, Berlin [etc.] 1999, S. 379.

[15] Gesammelte Werke. Teil C: Allgemeinverständliche Schriften, 5 Bände, München 1984

[16] Erstmals erschienen München 1969

„Eine Formel verändert die Welt. Newton, Einstein und die Relativitätstheorie" drei Wissenschaftler miteinander ins Gespräch kommen: Adrian Haller, einen fiktiven Professor für Theoretische Physik an der Universität Bern, Newton und Einstein.[17] Die Gelehrten erklären sich gegenseitig und damit dem Leser Einsteins spezielle Relativitätstheorie. Und dabei muss Newton allerhand dazulernen, was sein so schlüssiges mechanistisches Weltbild relativiert und ergänzt.

Harald Fritzsch, der selbst als Teilchenphysiker am CERN gearbeitet hat, bietet in diesem Buch dann auch noch eine Einführung in die Grundlagen der Teilchenphysik. Diesen dialogischen Einblick in den Mikrokosmos vertieft er weiter in seinem Buch *„Mikrokosmos: Die Welt der kleinsten Teilchen"*[18]. Darin lässt er nun Isaac Newton, Albert Einstein, Murray Gell-Mann, den „Chefarchitekten der modernen Teilchenphysik" und wiederum Adrian Haller über das diskutieren, „was die Welt im Innersten zusammenhält".

Und es lohnt sich, den Gesprächen der großen Naturforscher zu lauschen! Einsteins Relativitätstheorie und die Quantentheorie haben völlig neue Perspektiven eröffnet, von denen Newton trotz seiner Genialität noch nichts ahnen konnte. Nicht wenige Menschen aber machen bis heute einen Bogen um diese Dinge, weil sie zu kompliziert zu sein scheinen. Dabei sind sie in ihren Grundgedanken durchaus auch für den Nichtfachmann (so einigermaßen jedenfalls) verstehbar - wenn sie nur verständlich vermittelt werden.

Das meistverkaufte Bildungsbuch des letzten Jahrzehnts war „Bildung. Alles, was man wissen muss", von *Dietrich Schwanitz.*[19] Der Professor für Wissenschaftsgeschichte *Ernst Peter Fischer* schob der „Bildung" des Anglistikprofessors Schwanitz deshalb seine oben bereits erwähnte allgemeinverständliche Einführung in die Naturwissenschaften „Die andere Bildung" nach, weil dieser Bereich doch wohl auch zur Bildung gehöre.[20] Laut Schwanitz ja nicht unbedingt; und genau dagegen bäumt sich Fischer auf.[21] - Zeigt sich darin nicht brennpunktartig, dass Geisteswissenschaften

[17] Fritzsch, Harald: Eine Formel verändert die Welt. Newton, Einstein und die Relativitätstheorie, München [6]2001 (Erstauflage Münden 1988).

[18] Fritzsch, Harald: Mikrokosmos: Die Welt der kleinsten Teilchen, München 2012.

[19] Schwanitz, Dietrich: Bildung. Alles, was man wissen muß, Frankfurt am Main 1999 (23. Auflage: München 2002)

[20] Fischer, E. P.: Die andere Bildung. Was man von den Naturwissenschaften wissen sollte, Berlin [4]2005.

[21] Schwanitz hatte es wohl mit einem Augenzwinkern gemeint; immerhin versucht er sich selbst in kurzen Abrissen der Naturwissenschaft, was aber laut Fischer danebenging.

und Naturwissenschaften nicht selten immer noch nebeneinanderhergehen? *Charles Percy Snow* hatte in seinem Werk *„Die zwei Kulturen“*[22] bereits 1959 die große Kluft zwischen der geisteswissenschaftlich-literarischen und der naturwissenschaftlich-technischen Kultur konstatiert und damit auf zwei soziologische Gruppen mit derart verschiedener intellektueller Atmosphäre hingewiesen, dass ein tieferes Gespräch zwischen ihnen unmöglich sei... Snow illustriert dies u.a. mit einem Oxforder Professor, der sich 1890 in Cambridge erfolglos mit zwei Tischnachbarn zu unterhalten versucht, bis der Vorsteher des Colleges erklärt: „Oh, das sind Mathematiker. Wir sprechen nie mit ihnen.“

Von Ernst Peter Fischer stammt eine große Anzahl von allgemeinverständlichen Büchern zur Wissenschaftsgeschichte, darunter *„Aristoteles, Einstein & Co. Eine kleine Geschichte der Wissenschaft in Porträts“*[23], *„Leonardo, Heisenberg & Co. – Eine kleine Geschichte der Wissenschaft in Porträts“*[24], *„Schrödingers Katze auf dem Mandelbrotbaum – Durch die Hintertür zur Wissenschaft“*[25] und *„Die Hintertreppe zum Quantensprung. Die Erforschung der kleinsten Teilchen der Natur von Max Planck bis Anton Zeilinger“*[26]. Allgemeinverständlich ist auch Fischers Werk *„Die Verzauberung der Welt – Eine andere Geschichte der Naturwissenschaften“*[27], das den Aspekt der Wissenschaftsästhetik und das Staunen betont, worauf auch wir noch ausführlicher zu sprechen kommen werden. Dass Wissenschaft und Kunst zusammengehören, ist ein Herzensthema von Ernst Peter Fischer, das er bereits am Ende seines Buches „Die andere Bildung“ entfaltet hatte.

7. Herbert Pietschmann

Aus dem einst großen Österreich kommen viele große Physiker: Christian Doppler, Josef Loschmidt, Ludwig Boltzmann, Ernst Mach, Lise Meitner, Victor Franz Hess, Erwin Schrödinger, Wolfgang Pauli…Die beiden Letztgenannten erhielten den Nobelpreis für ihre Forschungen im Bereich der Quantenphysik. Diese große Tradition setzte sich auch in dem heute verhältnismäßig kleinen Österreich fort. Namen wie Anton Zeilinger sind hier zu nennen…und Herbert Pietschmann, einst Schüler von Erwin Schrödinger, heute der emeritierte Ordinarius am Institut für theoretische Physik der Universität Wien, einst Mitarbeiter in Genf am CERN, Autor

---

[22] Snow, Charles Percy: Die zwei Kulturen. 1959. In: H. Kreuzer (Hrsg.): Die zwei Kulturen, München 1987.

[23] München 1995

[24] München 2000

[25] München 2006

[26] München 2010

[27] München 2014

vieler Bücher und lange Jahre mit seinen Vorträgen weltweit unterwegs. Er besitzt eine besondere Gabe, die schwierigen Dinge nicht nur einfach, sondern sogar noch humorvoll zu sagen, z.B.:

„Und dann kam ein Mann daher
Namens Erwin Schrödinger.
Dieser schuf dann zur Erreichung
Seines Zieles eine Gleichung,
welche wiederum beweist,
Alles, was man Teilchen heißt,
Welle ist in Wirklichkeit.
Doch der Weg, der ist noch weit.“

Dieser kurze Auszug stammt aus seinem Buch „Geschichten zur Teilchenphysik. Physiker sind auch Menschen“[28]. Und glücklicherweise versteht Prof. Pietschmann (im Gegensatz zu mir) all diese komplizierten Dinge, die er einfach sagt, auch im komplizieren Gewand von mathematischen Formeln und wissenschaftlichen Aufsätzen. Deshalb bin ich sehr dankbar, dass er das Buch, das Sie eben lesen, durchgelesen hat, damit ich dem Leser keinen Bären aufbinde...Und wer die Geschichte und die inneren Zusammenhänge der Quanten- und Teilchenphysik zuverlässig und verständlich beschrieben sucht, der findet das alles bei Herbert Pietschmann. Die oben zitierte Gedichtform ist dazu übrigens nur ein Anhang, aber (so will ich empfehlend anfügen):

...der Haupttext ist dann schon in Prosa...
Und malt die Dinge auch nicht rosa,
Sondern als Chancen und Gefahren,
Darum kann ich mir vieles sparen,
Und auf dieses Buch verweisen,
Es liest sich gut sogar auf Reisen.

Und noch ein Zitat von *Herbert Pietschmann: „In der Quantenwelt haben wir oft keine Wahl. Entweder wir machen uns gar keine Vorstellungen (was für optische Menschen schwierig ist), oder unsere Vorstellungen sind falsch. Der einzige Ausweg ist, sich eine falsche Vorstellung zu machen und immer dazu zu denken, wo sie falsch ist.*“- So ähnlich haben wir es oben ja bereits gesagt. Und damit sind wir bereits beim nächsten Unterthema:

8. „Diskussionen über die Sprache“

“Worüber man nicht reden kann, darüber sollte man schweigen.“ Damit hatte *Ludwig Wittgenstein* recht. Aber die Sache hat auch wieder zwei

[28] Wien 2007, hier S. 152

gegensätzliche Seiten. Über manches muss man reden, auch wenn es kaum möglich ist. Ohne Sprache kann man vieles eben nicht mitteilen und somit nicht mit anderen teilen. Das gilt gerade auch für die neuere Physik. In der Seelsorge erlebe ich, wie hilfreich es ist, wenn erst einmal die ersten stammelnden Worte für den Schmerz gefunden sind.

Bei unserem Reden über die Welt des Allerkleinsten wird manches gestammelt und ungenau bleiben. Wir werden z.B. von den Elektronen sagen, dass sie „kreisen“ und „ihre Bahn ziehen“. Die Vorstellung vom Atom als Miniatur-Planetensystem ist aber ein sehr unzureichendes Modell. Die Aussagen von Elektronen, die „kreisen“ und „ihre Bahn ziehen“, sind nur im gleichzeitigen Wissen um ihr Ungenügen sinnvoll - z.B. um sich die Größenverhältnisse im Atom bildhaft vorstellen zu können. Auch wenn wir über "Wellencharakter" und "Teilchencharakter" des Lichts und der Materie insgesamt reden werden, geht es nicht im Sinne der klassischen Physik um die Natur oder das Wesen der Quantenwelt, sondern lediglich um ihre Erscheinungsweise. Aber das alles ist eben ziemlich kompliziert. Unser Bemühen um Verständlichkeit und Genauigkeit zugleich stößt hier an seine Grenzen. Aber das ist eben typisch für die Quantenwelt, dass man nicht Zweierlei zugleich haben kann: weder zwei gleichzeitige genaue Messwerte von Ort und Impuls eines Teilchens (Heisenbergs Unschärferelation) - noch bildhafte Allgemeinverständlichkeit und Genauigkeit beim Reden über diese Dinge.[29] Und selbst durch die möglichst strengen Sprachregelungen der Naturwissenschaftler, in der „Fachsprache“, gibt es oft nur annäherungsweise Genauigkeit. Ja, die Sprache selbst trägt eine nie ganz abzustellende Ungenauigkeit in sich. Einige Sätze aus *Werner Heisenbergs „Diskussionen über die Sprache“* (1933) sollen das verdeutlichen: *„Gerade in der Atomphysik sind wir ja wieder von der Natur darüber belehrt worden, wie begrenzt der Anwendungsbereich von Begriffen sein kann, die uns vorher völlig bestimmt und unproblematisch schienen. Man braucht ja nur an solche Begriffe wie 'Ort' und 'Geschwindigkeit' denken.*
Aber natürlich war es auch eine große Entdeckung des ARISTOTELES und der alten Griechen, daß man die Sprache so weit idealisieren und präzisieren kann, daß logische Schlußketten möglich werden. Eine solche präzise Sprache ist sehr viel enger als die gewöhnliche Sprache, aber sie ist für die Naturwissenschaft von unschätzbarem Wert.
Die Vertreter des Positivismus haben schon recht, wenn sie den Wert einer solchen Sprache sehr stark betonen und uns eindringlich vor der Gefahr

---

[29] Ein didaktisches Konzept, das - einerseits sehr gelungen, andererseits aber immer noch ziemlich kompliziert - Allgemeinverständlichkeit und Genauigkeit zu verbinden sucht, ist das „Das Würzburger Quantenphysik-Konzept“. Dem Grundproblem kann aber auch dieses Konzept natürlich nicht entgehen. http://www.forphys.de/Website/qm/inhalt.html

warnen, daß die Sprache, wenn wir den Bereich des logisch scharfen Formulierens verlassen, inhaltslos werden kann. Aber sie haben dabei vielleicht übersehen, daß wir in der Naturwissenschaft diesem Ideal bestenfalls nahekommen, es aber sicher nicht erreichen können. Denn schon die Sprache, mit der wir unsere Experimente beschreiben, enthält Begriffe, deren Anwendungsbereich wir nicht genau angeben können.
Man könnte natürlich sagen, daß die mathematischen Schemata, mit denen wir als theoretische Physiker die Natur abbilden, diesen Grad von logischer Sauberkeit und Strenge haben oder haben sollten. Aber die ganze Problematik taucht dann wieder auf an der Stelle, wo wir das mathematische Schema mit der Natur vergleichen. Denn irgendwo müssen wir von der mathematischen Sprache zur gewöhnlichen Sprache übergehen, wenn wir etwas über die Natur aussagen wollen. Und das letztere ist doch die Aufgabe der Naturwissenschaft."[30]

Weil das vorliegende Buch nicht nur weiße Seiten haben soll, muss also mit Unschärfen gerechnet werden: von der zu verhandelnden Sache her grundsätzlich und vom Anliegen der Allgemeinverständlichkeit her noch zusätzlich.

9. Die Strukturanalogie zwischen Sprache und Wirklichkeit

Ich persönlich staune allerdings mehr über die Genialität unsere Sprache; darüber, dass wir uns normalerweise ganz gut verstehen können. Und dass wir selbst das oft gut verstehen, was Menschen lange vor uns gedacht und dann niedergeschrieben haben!

Eine unserer Töchter musste sich als Kind häufig erbrechen. Dann hörte sie den Bibelvers Psalm 90,10 in der Lutherübersetzung: *Unser Leben währet siebzig Jahre, und wenn's hoch kommt, so sind's achtzig Jahre.* „Da werd‘ ich ja alt“, jubelte sie, „mir kommt‘s ja ständig hoch!“ - Das war nun leider ein Missverständnis, weil „hochkommen“ halt mehrdeutig ist. Was hilft uns, das Mehrdeutige eindeutig zu verstehen (oder auch bewusst in seiner Mehrdeutigkeit zu belassen, was ja ein Hauptmittel des Witzes und der Poesie überhaupt ist)? - Der Kontext. Und dieses kontextuale Denken, Sprechen und Verstehen entspricht der Wirklichkeit selbst! Auch dort ist alles miteinander verbunden, steht in verschiedenen „Kontexten“. Wir werden später auf die „Kraftteilchen“ zwischen den anderen Elementarteilchen zu sprechen kommen. Die kann man nicht verstehen ohne das Wissen um die Teilchen im Atomkern, zwischen denen die Kraftteilchen die sog. „Schwache Wechselwirkung“ und die „Starke

[30] Der ganze Artikel findet sich in: Werner Heisenberg, Der Teil und das Ganze - Gespräche im Umkreis der Atomphysik, München 6. Auflage 1986, S. 175ff. (Erstauflage München 1969)

Wechselwirkung“ vermitteln. Und nicht nur nicht erklären kann man eines ohne das andere, es würde gar nicht existieren und nicht funktionieren ohne dieses große Miteinander, ohne die „Kontexte“.

Das trifft nun in ähnlicher Weise auch auf uns Menschen zu. Deshalb ist die „Atomisierung unserer Gesellschaft“ - auch dazu gibt es ein Buch von Professor Pietschmann -[31] eine solche Katastrophe. Später werden wir im vorliegenden Buch außerdem bedenken, dass der Mensch sich selbst in der Tiefe nur verstehen kann, wenn er sich in einer „Beziehungsontologie“ als Ebenbild Gottes erkennt. Und Gott wiederum ist gleich im ersten Satz der Bibel ein „Synsemantikon“, d.h. es wird durch den Kontext erläutert, wer oder was Gott ist: eine Person, die spricht und sprechend und handelnd Himmel und Erde schafft. Und weil diese Welt aus „einem Mund und aus einer Hand“ kommt, hängt da alles miteinander zusammen, steht alles in einem ganz großen Kontext und kommuniziert alles miteinander…

C. Wissenschaftliche Grundlagen

Als Einstimmung auf den „Mikrokosmos“ wollen wir uns ein wenig mit seinen Größenverhältnissen vertraut machen.

1. Großartig klein!

Anschauliche Mathematik

Die Welt, in die wir jetzt eintauchen wollen, ist klein und großartig zugleich. Sie ist großartig klein! Wenn man aber etwas großartig finden will, muss man sich auch etwas darunter vorstellen können. Und schon sind wir in einem Dilemma: mit der Anschaulichkeit ist es gerade im Bereich der ganz kleinen Dinge nicht so einfach. Mathematik insgesamt ist abstrakt und nur bedingt anschaulich. Und Mathematik ist zwar eine internationale Sprache, die man aber auch nicht wirklich übersetzen kann. Leute wir ich verstehen deshalb manches nicht, was andere sehr gut verstehen - und werden es auf Erden wohl auch nie verstehen.

Manches aber, was nicht bildhaft zu zeichnen ist, lässt sich doch wenigstens durch Größenvergleiche vorstellbarer machen. Mathematische Größen können z.B. in Vergleichswerten ausgedrückt werden. 25 Millionen Elefanten (das o.g. Gewicht des Spiel-Würfels Kernmaterie!) kann man sich zwar auch nicht wirklich vorstellen, aber sie sind eindrücklicher als das abstrakte Gesamtgewicht von 100 Millionen Tonnen.

[31] Herbert Pietschmann, Die Atomisierung der Gesellschaft, Wien 2009

Mathematik ein wenig „aufzuschließen" bedeutet zugleich, ihr ein wenig den Schrecken zu nehmen und sie als Werkzeug fehlbarer Menschen zu sehen, sie – in ihrer konkreten Anwendung- sogar hinterfragbar zu machen. *Max Thürkauf* sagte einmal (im Zusammenhang seines Widerstandes gegen den Bau von Atomkraftwerken in dicht besiedelten Gebieten): *„Die Unbedenklichkeitsexpertisen der technokratischen Machthaber bedienen sich für ihre Lügen vorzugsweise der Mathematik, weil der Mann auf der Straße vor dieser Sprache Respekt hat."*

Eine sehr, sehr kleine Welt!

Ein menschliches Haar misst 0,04-0,12 mm. Wir gehen hier um der Einfachheit willen von einem Zehntel Millimeter aus (= 10^{-4} Meter). Ein Zehntel Millimeter ist schon recht klein, aber mit bloßem Auge von uns noch gut zu sehen. So sind wir hier noch nicht wirklich in der „Mikrowelt".

Mit der Betrachtung unserer menschlichen Zellen springen wir in den Bereich der Zehntel Haaresbreite: Durchschnittlich ist eine menschliche Körperzelle etwa 40×10^{-6} Meter, also 40 Mikrometer oder 40 Tausendstel bzw. vier Hundertstel eines Millimeters groß. Hier sind wir nun schon in der „Mikrowelt", die sich unserem bloßen Auge verbirgt.

Bei der Stärke unserer DNA, dem Speichermedium unserer Erbanlagen, machen wir nun gleich einen sehr großen Sprung: in den Tausendstel-Bereich der Zellengröße! Die Stärke des DNA-Fadens misst etwa $2{,}5 \times 10^{-9}$ Meter, also 2,5 Nanometer oder 2,5 Milliardstel Meter oder 2,5 Millionstel Millimeter. Ein menschliches Haar ist also etwa vierzigtausendmal so dick. Damit sind wir nun in der „Nanowelt" angekommen.

Und noch ein Sprung in einen Hundertstel-Bereich davon, zum Hundertstel der Stärke unserer DNA: Der Radius des Wasserstoffatoms beträgt 32×10^{-12} m, also 32 Pikometer oder 32 Milliardstel Millimeter. (Das ist nur ein Näherungswert, denn ein absoluter Radius eines Atoms kann nicht angegeben werden, da ein Atom keine eindeutig definierten Grenzen besitzt.) Das kann man nun als die „Quantenwelt" bezeichnen.

Innerhalb der „Quantenwelt" aber geht es geradezu noch einmal „gigantisch ins noch Kleinere": „Ein Stecknadelkopf besteht aus größenordnungsmäßig 10^{22} Elektronen und 10^{23} Quarks."[32] Eine Milliarde mal eine Milliarde mal Einhunderttausend – das ist 10^{23}. Die Elementarteilchen sind nahezu punktförmig. Für das Elektron gibt es eine Messung der Art, dass es 10^{-19} m oder kleiner sein muss. 10^{-19} m – das ist

[32] http://de.wikipedia.org/wiki/Elementarteilchen; Zugriff 19.7.2014

vom Radius des Wasserstoffatoms aus noch einmal ein Sprung in den Bereich der Millionstel! Eine Million mal eine Milliarde dieser „Maximalgröße" des Elektrons ergäbe wieder unsere Haaresbreite, mit der wir in den Bereich der kleinen Dinge eingestiegen sind.- Ich kann mir ein Elektron nun trotzdem nicht vorstellen, aber ein bisschen mehr staunen über seine großartige Kleinheit kann ich.
Und auch über die große Energie in den Tiefen der ganz kleinen „Weltbausteine" kann ich nur staunen! Diese Mengen von Energie lassen sich wenigstens durch Vergleiche veranschaulichen, wie wir oben bereits angedeutet haben. Die Veranschaulichung sprengt in ihren Relationen aber eigentlich wieder unsere Vorstellungskraft: *„Ein Kilogramm Materie birgt mit $E=mc^2$ soviel Energie in sich, wie bei der Verbrennung von 3 Millionen Tonnen Braunkohle frei wird. 3 Millionen Tonnen Kohle, das entspricht einem Kohleberg von der Größe der Cheopspyramide oder einem Güterzug mit einer Länge von über 700 Kilometern."*[33] – Ein Liter Wasser ist ein Kilogramm Materie…und birgt in seinen Atomkernen die Heizenergie des 700 Kilometer-Braunkohlezuges!

2. Ein Quäntchen Quantenphysik

Im Jahr 1900 legte *Max Planck* den entscheidenden Grundstein der Quantentheorie. Auch der Ausdrucks „Quantenphysik" wurde erstmals von ihm verwendet, und zwar in seinem 1929 gehaltenen Vortrag *„Das Weltbild der neuen Physik"*. Der Begriff „Quantenphysik" macht deutlich, dass es sich bei der Quantentheorie nicht einfach um eine Theorie unter mehreren handelt, sondern dass die gesamte Physik dadurch eine neue Richtung bekommen hat. Bevor wir aber dazu kommen, muss ein kurzer Rückblick erfolgen:

Atome

Der griechische Philosophie *Leukipp* und sein Schüler *Demokrit von Abdera* haben bereits um 500 vor Christus die Vorstellung vom *„átomos", dem* „Unzerschneidbaren" als dem kleinsten Baustein der Materie entwickelt.[34] Bis heute ist diese Vorstellung aktuell; und das einst so kühne und völlig spekulative Gedankenkonstrukt der Atomisten ist inzwischen - beginnend etwa im Jahr 1900 - vielfach experimentell bestätigt worden. *„Nach heutiger Auffassung ist ein Atom der kleinste Bestandteil eines chemischen Elements."* (*Brigitte Falkenburg*)

Andererseits aber wissen wir heute, dass „Atome" nicht das sind, was ihr Name sagt, dass sie trotz ihrer Kleinheit sehr wohl teilbar sind. Sie

---

[33] http://www.drillingsraum.de/room-emc2/emc2.html
[34] Zum Begriff und zur Erforschung des Atoms siehe: http://www.naturphilosophie.org/atom-2/ (Dort auch weitere Literatur).

bestehen aus Neutronen, Protonen und Elektronen, wobei Protonen und Neutronen wiederum aus kleineren Bausteinen gebildet werden.

Unsere gesamte materielle Welt besteht aus nicht mehr als 92 Atomsorten, deren „Mengengebilde“ man sinnvollerweise „Elemente“ nennt. Aber das Atom ist eben keineswegs der kleinste Baustein der Materie.

Ein Blick ins Wasserstoffatom

Oben sagten wir, dass wir vom Radius des Wasserstoffatoms zum Elektron noch einmal einen Sprung in den Bereich der Millionstel machen müssen. Schauen wir ein Wasserstoffatom und seine erstaunlichen Größenverhältnisse etwas genauer an! Das Wasserstoffatom ist das einfachste aller Atome. Um seinen einfach positiv geladenen Atomkern (mit einem Proton) „kreist“ ein einziges negativ geladenes Elektron. Der „einfache“ Wasserstoff nimmt damit den ersten Platz im Periodensystem der Elemente ein und wird mit dem Buchstaben „H“ (lat. hydrogenium) bezeichnet.

„Einfach“ im Sinne von „simpel“ aber ist auch das „einfache“ Wasserstoffatom keinesfalls! Der Radius des Atomkerns steht zu dem der Atomhülle in einem Verhältnis von etwa 1:40.000. *Rüdiger Blume*, Professor für Chemie und Didaktik der Chemie, schreibt dazu: „Zum Vergleich denken wir uns einen Kreis mit einem Radius, der der Höhe des Eiffelturms gleicht (324 m). Im Zentrum des Kreises liegt eine kleine Murmel mit dem Radius von 0,8 cm […] Abgerundet beträgt das Verhältnis der Volumina von Atomkern und Atom $1:10^{14}$. Das H-Atom besteht also wirklich mehr oder weniger aus leerem Raum. Der Atomkern nimmt davon nur ein *Hundertbillionstel* ein.“[35]

Wenn also das Atom fast nur aus leerem Raum besteht, muss sich die Dichte im winzigen Kern konzentrieren. Und in der Tat: über 99,9 % der Atommasse stecken in den Atomkernen. Und die Dichte des Atomkerns hat es entsprechend in sich: sie beträgt etwa 100 Millionen Tonnen pro Kubikzentimeter! Die oben bereits erwähnten 25 Millionen Elefanten wiegen etwa diese 100 Millionen Tonnen. Und die denke man sich nun in einem kleinen Würfel, mit dem wir „Mensch-ärger-dich-nicht“ spielen! Bei diesem Gedanken wird bei mir aus „Mensch-ärger-dich-nicht“ ein „Mensch-wunder-dich-sehr“!

Dieses Raum- und Massewunder finden wir keineswegs nur beim Wasserstoff. Materie, wie wir sie tagtäglich erleben, ist ganz überwiegend

[35] http://www.chemieunterricht.de/dc2/tip/02_10.htm

leerer Raum, auch wenn in anderen Elementen mehr Elektronen „ihre Bahn ziehen“ als im Wasserstoff. Und im Zentrum der riesigen Leere finden sich bei jedem Element die ebenso winzigen wie gewichtigen „Massekolosse“ der Atomkerne.

Erstaunlich ist nun außerdem, dass die kleinen Bausteine der Protonen und Neutronen im Atomkern, die Quarks, selbst nur etwa 1 Prozent zur Masse beitragen.[36] Etwa 99 % der Masse hingegen resultieren aus den Kräften, die im Atomkern zwischen den Quarks wirksam sind. Wenn also über 99,9 % der Atommasse in den Atomkernen stecken, dann kommen wiederum ca. 99 % davon durch die inneren „Wechselwirkungen“ zustande, insbesondere durch die „starke Kernkraft“.

Ein bisschen Einblick in die innere Größe der Miniwelt haben wir nun bereits gewonnen. Um als Kontrapunkt noch einmal zu verdeutlichen, wie klein diese atomare Welt ist: Verbinden sich 2 Atome „H“ mit einem Atom „O“, dem Sauerstoff, so entsteht Wasser, das berühmte H_2O. Ein Wassertropfen besteht aus einer unvorstellbar großen Zahl von H_2O-Wassermolekülen: ungefähr $3x10^{19}$, oder 30 Quadrillionen, oder 3 Milliarden mal 10 Milliarden.

Ein Quäntchen „Kernwissen“ zur Quantenphysik

Der Kern der wissenschaftlichen Beschäftigung mit der Welt des Allerkleinsten ist die Quantentheorie. Und ein „Quäntchen“ von den Grundlagen der Quantenphysik wollen wir uns anschauen:

„Quäntchen“ und „Quant“ haben sprachgeschichtlich übrigens nichts miteinander zu tun. Die alte Gewichtseinheit (und Währungseinheit) „Quäntchen“ war der fünfte Teil eines „Lots“ und leitete sich vom mittellateinischen „quentinus“ = „fünfter Teil, Fünftel“ her. Der Begriff „Quant“ hingegen kommt vom lateinischen Fragewort „quantum“= „wie groß?, wie viel?). In der Physik steht er dafür, dass es im Bereich der kleinsten Dinge keine fließenden Größen gibt, sondern dass es in (winzigsten!) Sprüngen vorwärtsgeht. Ohne diesen „Zwang zu festgesetzten Abständen“ wäre eben z.B. ein Atom instabil, Kern und Hülle mit ihren Plus-Minus-Ladungen würden sich sofort in einer Weise anziehen, dass sie ineinander stürzen und sich gegenseitig neutralisieren. Die Frage „wie groß?“ deutet also mit gutem Grund ein tiefes Strukturmerkmal der „Quantenwelt“ mit der „Quantelung“ ihrer Größen an.

---

[36] Und die Gluonen als zweite Bausteinsorte der Protonen und Neutronen sind nach dem Standardmodell masselos, was jedoch nicht heißt, dass sie nicht doch eine sehr geringe Masse aufweisen könnten.

Max Planck, der Vater der Quantentheorie, hat diesen „Abstandszwang“ im Jahr 1900 sogar schon exakt berechnen und in eine schwindelerregend kleine und dabei unfassbar genaue Zahl fassen können: das plancksche Wirkungsquantum beträgt 6,626 069 57 · 10^{-34}. Da versagen bei mir alle Versuche der Veranschaulichung…

„Kernwissen“ zur Quantenphysik findet sich m.E. bei Wikipedia schön zusammengefasst:
„Die Quantenphysik unterscheidet sich von der klassischen Physik vor allem in folgenden Punkten:

- Quantenhypothese: Bestimmte physikalische Größen können nicht jeden beliebigen Wert annehmen sondern nur bestimmte diskrete Werte. Man sagt, sie sind „quantisiert“ oder „gequantelt“.
- Welle-Teilchen-Dualismus: Quantenobjekte zeigen – je nach Betrachtungsweise – Eigenschaften von Wellen oder Teilchen (sprich: Massepunkten), sind aber weder das eine noch das andere. Die wahre Natur der Quantenobjekte entzieht sich der konkreten Anschauung.
- Die Quantenphysik ist nicht deterministisch. Das bedeutet, dass der Ausgang eines Experiments nicht eindeutig durch die Anfangswerte festgelegt ist. Oft lassen sich nur Aussagen über Wahrscheinlichkeiten machen.
- Der Ausgang eines Experiments ist niemals unabhängig von der Beobachtung, sondern immer untrennbar mit ihr verbunden. D. h., der Beobachtungsvorgang beeinflusst das zu beobachtende Phänomen in physikalischer Weise.“[37]

Ein Quäntchen Geschichte der Quantenphysik

„Gegen Ende des 19. Jahrhunderts glaubten die Physiker, die Physik sei im Wesentlichen abgeschlossen. Die Physiker hatten zwei große Theorien, die Mechanik und die Elektrodynamik und die etwas dazwischen angesiedelte Theorie der Thermodynamik. Die Wechselwirkungen zwischen Materie und Strahlung wurden mithilfe des Lorentzschen Kraftgesetzes erklärt.
Zwar gab es einige ungeklärte Punkte, einige nicht erklärbare Beobachtungen, doch man gewöhnte sich langsam daran, sie zu ignorieren. […] Und genau aus diesen scheinbar "letzten Problemen der Physik" heraus entstand fast das gesamte neue physikalische Weltbild.“[38]

---

[37] http://de.wikipedia.org/wiki/Quantenphysik (Zugriff 4.8.2014)

[38] http://de.wikibooks.org/wiki/Quantenmechanik

Max Plancks Theorie von der Quantisierung der Energie (1900), Albert Einsteins Erklärung des photoelektrischen Effekts durch die Lichtquantenhypothese (1905), Niels Bohrs Atommodell mit quantisierten Elektronenbahnen (1913), das bohr-sommerfeldsche Atommodell (1916) und Louis de Broglies (sich nicht bewährende, aber doch weiterführende) Theorie der Materiewellen (1924) waren wichtige Meilensteine der frühen Quantenphysik.

Die zweite Etappe, die Quantenmechanik, fand ihren Beginn mit der Formulierung der Matrizenmechanik durch Werner Heisenberg, Max Born und Pascual Jordan, mit Schrödingers und Heisenbergs unterschiedlichen und doch adäquaten Formulierungen der Quantenmechanik (alles 1925) und mit Heisenbergs Unschärferelation (1927). Weitere wichtige Entdeckungen waren das „Pauli-Prinzip", die „spukhaften Fernwirkung" der Quantenverschränkung und die Dekohärenz hinsichtlich makroskopischer Systeme. Mit dem Orbitalmodell wurde ein grundsätzlich anderes Bild vom Atom gezeichnet: statt Elektronenbahnen gibt es darin nur noch Aufenthaltswahrscheinlichkeiten in einer „Wolke". Und schließlich konnte – nicht zuletzt dank neuer gigantischer Technik- immer mehr konkretes Wissen über die Vielzahl und die Eigenschaften der kleinsten Teilchen und der Kräfte zwischen ihnen angesammelt werden.

Die Etappen und Schritte der Quantenphysik aber alle nachzuzeichnen, würde unser „Quäntchen" überdehnen. Und ich denke, man kann und muss als „Dilettant" auch nicht alles davon wissen.

3. Einige Teilchen Teilchenphysik

Auf die Vielzahl und die Eigenschaften der kleinsten Teilchen und der Kräfte zwischen ihnen haben wir in unserm Quäntchen Quantenphysik schon hingewiesen. Ein ganzer „Teilchenzoo" kam zum Vorschein! Das *„Standardmodell der Teilchenphysik"* enthält heute 61 Arten von Elementarteilchen, aus denen wiederum eine größere Zahl zusammengesetzter Teilchen wie das Proton, das Neutron und das Pion gebildet werden, die alle zusammen dann eben den „Teilchenzoo" und die gegenseitigen Beziehungen der „Tierchen" ergeben. Das Standardmodell der Teilchenphysik ist eine komplexe und vielfach bestätigte Theorienkombination. In seinem Sicherheitsgrad und in seiner grafischen Präsentation könnte man es schon fast in die Nähe des Periodensystems der Elemente in der Chemie rücken. Noch nicht im Vollständigkeitsgrad! Dass es die Fragen der Gravitation und der „Dunklen Materie" offen lässt, unterscheidet es vom vollständigen Periodensystem. Aber es ist trotzdem großartig, was da in dem Modell zusammengefasst ist! Und Wissenschaft ist halt von ihrem Wesen her dialektisch, d.h. sie ist Gespräch, Weg zur

Annäherung an die Wahrheit durch „widersprüchliche“ Schritte. Mit etwas Ironie kann Wissenschaft deshalb eben zugleich als „aktueller Stand des Irrtums“ und als „aktueller Stand der Erkenntnis“ bezeichnet werden. Und der „aktuelle Stand der Erkenntnis“ erscheint mir im Standardmodell als sehr beeindruckend.

Die Teilchenphysik spielt auch im öffentlichen Bewusstsein eine zunehmende Rolle. Besonders öffentlichkeitswirksam waren sicher die Nachrichten vom experimentellen Nachweis des Higgs-Bosons im Jahr 2012 und dann - im Jahr 2013 - die Nobelpreisverleihung an François Englert und Peter Higgs für die theoretische Entdeckung des Higgs-Mechanismus.

Photonen: masselose “Flitzteilchen“ in gigantischer Anzahl

Ein Blick auf drei Arten von Elementarteilchen - Photonen, Neutrinos und Higgsbosonen - soll nun noch mehr verdeutlichen, wie großartig und geheimnisvoll die Welt der kleinsten Teilchen ist.

Photonen sind die Elementarteilchen des Lichts. Sie sind masselos. Ständig sind sie mit dem Riesentempo der Lichtgeschwindigkeit (im Vakuum 299.792 458 Meter pro Sekunde, d.h. 299.792,458 Kilometer pro Sekunde; in lichtdurchlässiger Materie je nach Stoff etwas langsamer) unterwegs. Einen „Ruhezustand“ kennen sie überhaupt nicht.
Aber nicht nur das für uns sichtbare Licht wird durch die Photonen vermittelt. Licht ist nämlich „nur“ der für unser Auge sichtbare Teil der elektromagnetischen Strahlung. Photonen sind Energie – weiter nichts. Aber damit doch ungeheuer viel! Photonen vermitteln die elektromagnetische Kraft. Durch den Austausch von Photonen sind Atomkern und Elektronen miteinander verbunden. Und dadurch entsteht die „feste Materie“, die einerseits Illusion ist (denn alles ist nur Energieaustausch) und die doch zugleich auch Realität ist, wie uns z.B. die Beule am Kopf beweist, die wir uns an einem „festen“ Gegenstand geholt haben.
„Jegliche elektromagnetische Strahlung, von Radiowellen bis zur Gammastrahlung, ist in Photonen quantisiert. Das bedeutet, die kleinste Menge an elektromagnetischer Strahlung bestimmter Frequenz ist ein Photon. Photonen haben eine unendliche natürliche Lebensdauer, können aber bei einer Vielzahl physikalischer Prozesse erzeugt oder vernichtet werden.“[39]
„Die Photonen sind nicht nur sehr wichtige Teilchen in der Natur, sie sind auch die in unserer Welt am häufigsten vorkommenden. Im Jahre 1965 entdeckten die Astrophysiker Arno Penzias und Robert Wilson eine

---

[39] http://de.wikipedia.org/wiki/Photon (Zugriff 7.8.2014)

seltsame Strahlung, die von allen Richtungen des Weltraums gleichmäßig auf die Erdoberfläche einfällt. Es handelte sich um Photonen mit einer Energie von nur etwa 0,00002 eV. Heute weiß man, daß diese Strahlung überall im Weltraum, auch im Raum zwischen den Galaxien, vorhanden ist. Die Galaxien, Sterne und Planeten schwimmen gewissermaßen in einem See von Photonen. Etwa 400 Photonen gibt es im Mittel pro Kubikzentimeter. Die Anzahl der Photonen im Universum ist damit viel größer als die Anzahl der anderen Elementarteilchen (Elektronen, Atomkernteilchen). Es gibt etwa eine Milliarde mal mehr Photonen als Elektronen oder Kernteilchen.“[40] Man kann sogar genau sagen, wie viele Photonen allein schon durch die Hintergrundstrahlung durchschnittlich in jedem Kubikzentimeter des Universums vorhanden sind: *„Die kosmische Hintergrundstrahlung füllt jeden Kubikzentimeter des heutigen Kosmos mit recht genau 411 Photonen.“*[41] In einem Liter des uns umgebenden Raumes befinden sich also durchschnittlich 400.000 Photonen, im Kubikmeter folglich 400 Millionen.

Und in dem hellen Raum, in dem Sie diese Seiten lesen, sind es bedeutend mehr. Pro Quadratmeter und Sekunde treffen 3,6 x10^{21} Photonen von der Sonne auf die Erde.[42] *„Wenn ein Teelicht leuchtet, entstehen in der Flamme jede Sekunde etwa 10^{20} Photonen.“*[43] Allein zwischen Ihrem Gesicht und dem Text, den Sie eben lesen, befinden sich viele Millionen dieser kleinen „Flitzteilchen“!

Übrigens: Das Licht ist nicht nur in seiner Teilchen-Erscheinung überaus interessant. Der Welle-Teilchen-Dualismus der gesamten Materie wurde am Licht entdeckt. Dass man an ihm je nach Beobachtungsvorgang Eigenschaften von Wellen oder Teilchen nachweisen konnte, hat eine regelrechte Weltbild-Revolution ausgelöst.

Und eine zweite umwälzende Entdeckung hängt eng mit dem Licht zusammen. Albert Einstein konnte die Lichtkonstanz (im Vakuum eben die o.g. 299.792,458 Kilometer pro Sekunde) nachweisen – und damit die Relativität von Raum und Zeit.

Neutrinos als “Geisterteilchen”

Nehmen wir nun das Teilchen in den Blick, das dem Neutron vom Namen her sehr ähnelt, aber doch ganz andere Eigenschaften besitzt: das Neutrino.

---

[40] Fritzsch, Harald: Eine Formel verändert die Welt. Newton, Einstein und die Relativitätstheorie, München/Zürich [6]2001, S. 87

[41] https://www.spektrum.de/magazin/deuterium-und-der-fruehe-kosmos/823645

[42]https://www.uni-ulm.de/fileadmin/website_uni_ulm/nawi.inst.251/Didactics/quantenchemie/html/PhAllF.html

[43] http://de.wikipedia.org/wiki/Elementarteilchen; Zugriff 19.7.2014

Obwohl sein Name „kleines Neutron“ bedeutet, hat es mit dem Neutron recht wenig gemein. Anders als das aus mehreren Bausteinen gebildete Neutron ist das Neutrino eine „Soloteilchen“, ein Elementarteilchen also. Das Neutrino ist von einigen Eigenschafen her eher mit dem Elektron verwandt, aber anders als dieses ist es elektrisch neutral, was dann ja auch zu seinem Namen geführt hat.

Und es ist unfasslich: Jeder Quadratzentimeter von uns wird jede Sekunde von hundert Milliarden Neutrinos durchdrungen! So ist nicht verwunderlich, dass das Neutrino für Professor Herbert Pietschmann wohl der „Liebling“ unter den Elementarteilchen ist. Das ganze erste Hauptkapitel mit seinen 70 Seiten hat er ihm in seinen „Geschichten zur Teilchenphysik“ gewidmet. Und wer auf S. 79 die vielen wissenschaftlichen Konferenzen und Workshops rund um den Globus in den Blick nimmt, die sich dem Neutrino gewidmet haben, der erahnt noch etwas mehr von der Größe dieses kleinen Superflitzers. Meine Würdigung wird nun kürzer ausfallen – und kann vielleicht als Appetitmacher auf die ausführlicheren Einblicke bei Professor Pietschmann dienen:

„Vorhergesagt wurden die Teilchen in den 1930er Jahren von Wolfgang Pauli. Dieser musste die Existenz eines elektrisch neutralen Teilchens annehmen, um die Impuls- und Energieerhaltung bei der Beschreibung eines radioaktiven Zerfalls, des Beta-Zerfalls, zu retten. Der experimentelle Nachweis gelang aber erst 1956 in der Nähe eines US-amerikanischen Atomkraftwerkes. Dort – aber auch im Inneren der Sonne – werden die Teilchen in Hülle und Fülle produziert.“ [44]
Wie die Photonen bewegen sich die Neutrinos ständig mit Lichtgeschwindigkeit. Die Zahl der Neutrinos, die uns umgibt, ist schwindelerregend: Es wäre schon gewaltig zu sagen, in jeder Sekunde kommen 65 Milliarden Neutrinos von der Sonne auf der Erde. Aber diese Aussage muss richtig heißen: pro Quadratzentimeter kommen jede Sekunde so viele! Pro Sekunde auf den Quadratmeter also 10.000 x 65 Milliarden oder $6{,}5 \times 10^{14}$ Neutrinos!

Man nennt das Neutrino auch “Geisterteilchen”, weil es feste Materie durchdringen kann ohne „anzustoßen“, d.h. ohne „starke Wechselwirkung“ mit anderen Elementarteilchen. Neutrinoreaktionen laufen also nur über die schwache Wechselwirkung ab. Ein Strahl von Neutrinos geht deshalb bei entsprechender Energie z. B. durch die ganze Erde fast ungeschwächt

[44] http://www.weltderphysik.de/gebiet/teilchen/bausteine/neutrinos/

hindurch. Im Jahr 2012 ist es erstmals gelungen, eine Nachricht mit Hilfe von Neutrinos durch feste Materie zu senden.

Es gibt 3 Arten von Neutrinos: Elektron-Neutrinos, Myon-Neutrinos und Tau-Neutrinos. Und auf ihrer Reise können sich Neutrinos in ihrem Masse-Energie-Verhältnis ändern und sich damit so verwandeln, dass sie anders ankommen als sie abgereist sind, also als andere Neutrino-Art. Man nennt diesen Vorgang Neutrino-Oszillation. „Lange Zeit wurden Neutrinos als masselos angesehen. Studien aus den letzten Jahrzehnten zeigen jedoch, dass sich die drei Neutrinotypen ineinander umwandeln können. Diese Neutrino-Oszillation ist nur bei massebehafteten Teilchen möglich."[45] Dabei ist die Neutrino-Masse schon eine erstaunliche Größe - oder besser Kleinheit -: weniger als eine Hunderttausendstel der Elektronenmasse – und die ist ja auch schon eine sehr kleine Kleinheit!

Higgs-Teilchen als "Gewichtgeber"

Nicht nur eine riesige Zahl von Photonen und Neutrinos umgibt uns ständig. Überall um uns her und in uns ist zugleich das „Higgs-Feld" mit seinen „Higgs-Teilchen" präsent. Das Higgs-Teilchen verleiht als Teil des überall gegenwärtigen Higgs-Feldes einigen anderen Klassen von Elementarteilchen erst ihre Masse. Sie sind also nicht „Gewichtheber", sondern „Gewichtgeber".

Alle Elementarteilchen sind aus sich selbst ohne Masse. Selbst die „Gewichtigsten" von allen, die top-Quarks, die 350.000-mal schwerer als das Elektron sind, und die W- und Z-Teilchen, die wir noch als besonders schwer kennenlernen werden, sind eigentlich masselos. Erst im Higgs-Feld entsteht beim „Ankoppeln" ihre Masse.

Higgsfeld und Higgsteilchen nennen sich nach dem britischen Physiker Peter Higgs, der dann ja eben auch den Nobelpreis für seine einst so kühn anmutende Theorie erhielt. Denn inzwischen gilt die experimentelle Bestätigung als so weit fortgeschritten, dass François Englert und Peter Higgs für die theoretische Entwicklung des Higgs-Mechanismus der Nobelpreis für Physik 2013 zuerkannt wurde.

Durch „Ankoppeln" also verschafft das Higgs-Boson anderen Teilchen die Masse. Ausgenommen vom Massegewinn im Higgs-Feld sind neben dem Higgs-Teilchen selbst die oben bereits betrachteten „Flitzteilchen", die Photonen, und auch die „Klebstoff-Teilchen", die Gluonen, die wir noch kennenlernen werden. Warum gibt es für sie keine „Massegeschenke" vom

---

[45] http://www.weltderphysik.de/gebiet/teilchen/bausteine/neutrinos/

Higgs-Teilchen? Weil sie mit ihnen keine Wechselwirkung, kein „Ankoppel-Manöver“ eingehen.

Ein häufiges Missverständnis ist nun aber, dass alle Masse der uns umgebenden Materie mit dem Higgs-Feld zu tun hätte. Der Beitrag des Higgs-Feld zur Gesamtmasse ist aber sogar sehr gering. Rein rechnerisch jedenfalls, weil die weitaus größten Masseanteile nicht durch die Quarks, durch die Elektronen usw. auf die „Waage“ gebracht werden, sondern durch die Anziehungskräfte im Atomkern. Aber wenn auch nur ca. 1 Prozent der Masse mit dem Higgs-Feld zu tun hat, so ist das „innere Gewicht“ dieser Gewichtsverleihung doch sehr hoch und für unsere Welt sehr „gewichtig“ und wichtig.

Das Standardmodell der Teilchenphysik

Das Standardmodell der Teilchenphysik beschreibt und ordnet die unterschiedlichen Teilchen als die kleinsten „Bauelemente“ und „Power-Pakete“ unserer Welt. Die Erkenntnisse der Teilchenphysik verdichten sich darin zu einem beeindruckenden Gesamtbild. Betrachten wir die darin notierten und beschriebenen Elementarteilchen, so lassen sie sich in drei Gruppen einteilen:[46]

- Als erstes gibt es die „Quarks“, die Grundbausteine der Nukleonen, d.h. der Protonen und Neutronen des Atomkerns. Quarks sind Materie-Teilchen, die der „Farbwechselwirkung“ unterliegen, was jedoch nichts mit ihrem etwa bunten Aussehen zu tun hat, sondern lediglich ein anschauliches Modell dafür darstellt, welche Teilchen sich mit welchen zusammenschließen können. (Nur wenn die Überlagerung der einzelnen Farbwerte „Weiß“ ergibt, können sie sich zusammenschließen.) Der Name *Quark* geht auf den Teilchenphysiker *Murray Gell-Mann* zurück, der es dem Roman „Finnegans Wake“ (1939) des irischen Dichters *James Joyce* entlehnte; und dort ist es als Kunstwort in Anlehnung an die Laute einer Krähe gebildet.

- Dann sind die 6 „Leptonen“ zu erwähnen – z.B. das Elektron und das Myon. Diese sind Materie-Teilchen, die nicht der Farbwechselwirkung unterliegen. Ihren Namen haben sie vom griechischen Adjektiv „leptos“, was zart, klein, dünn, schmächtig heißt. Einige von ihnen sind jedoch nicht wirklich klein und schmächtig, sondern verglichen mit andern Elementarteilchen

[46] Wobei man die ersten beiden - Quarks und Leptonen - auch als die gemeinsame „Grundart“ der Fermionen als den Konstituenten, zählen kann, die sich von der zweiten „Grundart“, den Bosonen als den Austauschteilchen, unterscheidet.

ziemlich schwer, was man bei ihrer Namensgebung aber noch nicht wusste.

- Als drittes sind die „Eichbosonen“ zu nennen, die als „Kraftteilchen“, „Botenteilchen“, „Wechselwirkungsteilchen“ oder „Austauschteilchen“ die Wechselwirkungen (Kraftwirkungen) zwischen den Teilchen vermitteln. „Bosonen“ wurden diese Teilchen nach dem indischen Physiker Satyendranath Bose genannt - ein kleiner Hinweis darauf, dass die moderne Wissenschaft nicht nur eine europäisch-amerikanische Sache ist. Konkret sind es:

    - die masselosen Photonen, die die elektromagnetischen Kräfte vermitteln und die wir bereits wegen ihres ständigen Tempos und ihrer gigantischen Zahl bestaunt haben,
    - die massiven W-Teilchen und Z-Teilchen (sie wiegen fast 110mal mehr als ein Proton!); diese vermitteln die schwache Wechselwirkung oder schwache Kernkraft, die Teilchen ineinander umwandeln kann (z.B. eine Quark-Sorte in eine andere, ein Elektron in ein Neutrino),
    - die (masselosen?) Gluonen, die aufgrund ihrer (möglichen) Masselosigkeit ebenso wie Photonen und Neutrinos immer mit Lichtgeschwindigkeit unterwegs sind; sie vermitteln im Inneren der Atomkerne die starke Wechselwirkung oder starke Kernkraft, die die Quarks mit geradezu unvorstellbar starker Kraft zusammenhält, so dass sich aus ihnen Protonen und Neutronen bilden können.

- Und als viertes ist schließlich das Higgs-Boson zu nennen, dessen Aufgabe die „Gewichtung“ anderer Teilchen ist.

Die „Gravitonen“ kommen im Standardmodell nicht vor. Sie wären die Eichbosonen der Gravitation, sind aber noch rein hypothetische Größen und könnten aufgrund ihrer Schwachheit auch auf immer experimentell unnachweisbar bleiben- was im Zusammenhang mit der Suche nach der „Weltformel“ der Quantengravitation eine Rolle spielt. Noch ist das jetzige Standardmodell sicher nicht der Weisheit letzter Schluss. Und es ist in der Wissenschaft eben ein selbstverständlicher Tatbestand, dass Unentdecktes wartet und dass Theorien durch bessere oder vollständigere ersetzt werden müssen. Aber das im „Standardmodell“ Geklärte und miteinander Kombinierte ist – wir sagten es bereits- schon erstaunlich.

Symmetrie - das starkes Prinzip im Hintergrund

Woher „wissen“ oder wie „fühlen“ die Kraftteilchen, wo sie gerade gebraucht werden? Die Antwort auf diese merkwürdig gestellte Frage ist eine Schlüsselantwort für unsere Welt! Und sie lässt sich beantworten! Die Materieteilchen tragen das unabänderliche Bedürfnis in sich, drei ganz bestimmte Symmetrien zu erfüllen. Bei Veränderungen zu jeder Zeit und an jedem Ort sind sie bestrebt, trotzdem ein gleichbleibendes Erscheinungsbild zu bewahren. Dazu brauchen sie die Helfer, die da ständig hin und her flitzen. Und dabei erzeugen diese „rasenden Helfer" dann die „ausgleichenden" Kraftwirkungen.

Werner Heisenberg sagte: *„Für die moderne Naturwissenschaft steht am Anfang nicht das materielle Ding, sondern die Form, die mathematische Symmetrie."* Eine – nicht die einzige!- sehr sinnvolle Interpretation des ersten Satzes des Johannesevangeliums *„Im Anfang war der Logos (das Wort, die Vernunft und die Ordnung)"* ist also: *„Im Anfang war die Symmetrie."*

Und etwas ausführlicher kann man sagen: *„Das Standardmodell beruht auf drei Symmetrien, die aber nichts mit der räumlichen Form der Elementarteilchen, sondern vielmehr mit ihren Ladungseigenschaften zu tun haben. Zu jeder der drei Symmetrien gehört genau eine Ladungsart: Die uns vertraute elektrische Ladung, eine „starke Farbladung" der Quarks, und eine "schwache Ladung". Die Ladungs-Symmetrien kann man sich als Veränderung von Maßstäben vorstellen. Um zu erreichen, dass sich bei Änderung der Eichung, das heißt bei Veränderung der mit den Ladungen zusammenhängenden Maßstäbe, nichts am Erscheinungsbild ändert, sind dauernde Anpassungen an die neuen Maßstäbe nötig. Diese Arbeit erledigen zu jeder Symmetrie gehörige Kraftteilchen, die zwischen den Materieteilchen hin- und hereilen und dadurch eine Wechselwirkung hervorrufen. Die Häufigkeit der Veränderung an neue Maßstäbe bestimmt über die Häufigkeit der hin- und her fliegenden Kraftteilchen die Stärke der jeweiligen Kraft. Mit der Entdeckung der Symmetrien, die dem Universum zugrunde liegen, reicht das Standardmodell weit über die Beschreibung von Materieteilchen und Kraftteilchen hinaus. Drei Symmetrien erfordern, dass drei Wechselwirkungen und zugehörige Kraftteilchen mit genau von den jeweiligen Symmetrien vorgeschriebenen Eigenschaften existieren."*[47]

Schwer vorstellbar!

Nicht nur Photonen, Higgs-Teilchen und Neutrinos können wir uns nicht wirklich vorstellen. Alle Materiebestandteile sind weder anschaubare Kügelchen oder anderes aussehende Mini-Teilchen in einem mechanistischen Sinne. Sie lassen sich aber trotzdem (unterschiedlich gut) vermessen. Und dabei hat man z.B. vor einiger Zeit mit großer

[47] http://www.weltmaschine.de/physik/e168

Überraschung festgestellt, dass Elektronen ziemlich exakt eine Kugelform aufweisen.

Die Masse der massebehafteten Teilchen resultiert aus ihrer Energie. Energie und Materie lassen sich wechselseitig ineinander überführen; man könnte Materie als „geronnene Energie" bezeichnen. Und dann gibt es wieder superschnelle und zugleich masselose Elementarteilchen. Es gibt diese 3 Symmetrien als die starken Prinzipien in Hintergrund...Das alles ist nicht mehr anschaubar und insgesamt schwer vorstellbar.

Und damit eine „vorstellungslose Vorstellungshilfe" für den unvorstellbaren Gott, von dem wir uns kein Bildnis machen sollen und der diese Größe im Kleinen geschaffen hat!

4. Einstein für Einsteiger: Relativ Einfaches zur Relativitätstheorie

Schwer vorstellbar ist nun auch das Folgende. Einsteins Relativitätstheorie ist inzwischen zwar vom Begriff her Allgemeingut des Wissens – oft aber eben nur als Begriff und kaum wirklich verstanden, und schon deshalb einiger Zeilen wert...Dass ich selbst sie wirklich verstanden habe, bezweifle ich. Zu dem Theologieprofessor Karl Heim hatte Einstein einst gesagte, er wäre einer der ganz Wenigen, der die Theorie verstanden hätte. Zu mir hätte er das wohl kaum gesagt...Und deshalb kommt auch nur relativ Einfaches zur Relativitätstheorie.

Oder sollte ich besser ganz dazu schweigen? - *Martin Buber* beginnt sein großartiges Büchlein „Das Problem des Menschen" mit dem Hinweis auf einen großen Lehrer des Chassidismus, der ein Buch mit dem Titel „Adam" verfassen wollte *„und es sollte darin stehen der ganze Mensch"*. Der weise Lehrer hat das Buch dann doch nicht geschrieben - und gerade das zeigt ja seine Weisheit.[48] Der Mensch ist eben ein unausforschlicher Forschungsgegenstand.

So weise bin ich aber noch nicht - und will deshalb doch einiges stammeln zur Relativitätstheorie. Wir wiesen oben bereits darauf hin, dass eine zweite umwälzende Entdeckung neben dem Welle-Teilchen-Dualismus mit dem Licht zusammenhängt: eben die Spezielle Relativitätstheorie. Albert Einstein konnte einerseits die Lichtkonstanz (im Vakuum eben 299.792,458 Kilometer pro Sekunde) nachweisen und auch damit das Relativitätsprinzip für geradlinig und gleichförmig bewegte Bezugssysteme

---

[48] Buber, Martin: Das Problem des Menschen, Gütersloh ^{7}2007, S. 9

im Blick auf Raum und Zeit. Im Jahr 1905 schuf er damit die Spezielle Relativitätstheorie. Und die ist schon „starker Tobak“! Sie bedeutet, die konventionellen Vorstellungen von Raum und Zeit als feste Größen aufzugeben und dem gegenüber das „Flitzen“ des Lichtes (mit 299.792,458 Kilometer pro Sekunde im Vakuum) als unveränderliche Naturkonstante anzusehen. Konstante Geschwindigkeit und veränderlicher Raum und veränderliche Zeit – das klingt geradezu unglaublich! Konkret bedeutet das:

- Eine bewegt Uhr geht gegenüber einer unbewegten langsamer (Zeitdilatation, d.h. Zeitdehnung). Und weiter gesponnen: ein mit großer Geschwindigkeit ins All gereister Zwilling wäre bei seiner Rückkehr zur Erde gegenüber dem anderen Zwilling langsamer gealtert.
- Bewegte Objekte erweisen sich im Vergleich zum Ruhezustand in Bewegungsrichtung als verkürzt (Längenkontraktion).
- Raum und Zeit lassen sich zu einer vierdimensionalen Raumzeit vereinigen. *„Der Mensch erlebt im Alltag Ort und Zeit als zwei verschiedene Gegebenheiten. Bei Bewegungsgeschwindigkeiten, wie sie im Alltag auftreten, ist diese Unterscheidung sinnvoll. Sie findet sich in der gesamten klassischen Physik und größtenteils in der Technik. Bei Geschwindigkeiten von der Größenordnung der Lichtgeschwindigkeit zeigt sich jedoch, dass Zeit und Ort eines Ereignisses sich stets gegenseitig bedingen.“*[49]

Das alles wird „Spezielle Relativitätstheorie“ genannt, weil es sich in seiner berechenbaren Struktur nur auf geradlinig und gleichförmig bewegte Bezugssysteme bezieht. Aber in diesem Rahmen sind all die merkwürdigen Folgerungen der Theorie experimentell bestätigt (nur die Sache mit den Zwillingen konnte man aus technischen und biologischen Gründen nicht wirklich probieren☺). Und hier haben wir auch gleich noch ein Überschneidungsfeld von Teilchenphysik und Relativitätstheorie: Das Elementarteilchen „Myon“ zerfällt ungeheuer schnell; es hat eine mittlere Lebensdauer von nur etwa 2 Mikrosekunden. Und trotzdem erreichen solche in der oberen Atmosphäre entstehenden Myonen die Erde. Das ist nur möglich aufgrund der Zeitdilatation bzw. Längenkontraktion während des Fluges dieser sich annähernd mit Lichtgeschwindigkeit bewegenden Teilchen.

Die Allgemeine Relativitätstheorie, die Einstein 1916 veröffentlichte, ist eine geometrische Theorie der Gravitation, die ein nicht-quantisiertes Gravitationsfeld beschreibt. Die „gekrümmte Raumzeit“ spielt dabei eine

[49] https://de.wikipedia.org/wiki/Raumzeit. Zugriff: 5.11.2016

wesentliche Rolle. *„Entzieht sich die vierdimensionale Raumzeit der speziellen Relativitätstheorie bereits einer anschaulichen Vorstellbarkeit, so gilt das für eine zusätzlich gekrümmte Raumzeit erst recht. Zur Veranschaulichung kann man jedoch Situationen mit reduzierter Anzahl von Dimensionen betrachten. So entspricht im Fall einer 2-dimensionalen gekrümmten Landschaft eine Geodäte dem Weg, den ein Fahrzeug mit geradeaus fixierter Lenkung nehmen würde. Würden zwei solche Fahrzeuge am Äquator einer Kugel nebeneinander exakt parallel Richtung Norden starten, dann würden sie sich am Nordpol treffen. Ein Beobachter, dem die Kugelgestalt der Erde verborgen bliebe, würde daraus auf eine Anziehungskraft zwischen den beiden Fahrzeugen schließen. Es handelt sich aber um ein rein geometrisches Phänomen. […] In der allgemeinen Relativitätstheorie hängt der Gang von Uhren nicht nur von ihrer relativen Geschwindigkeit ab, sondern auch von ihrem Ort im Gravitationsfeld. Eine Uhr auf einem Berg geht schneller als eine im Tal. Dieser Effekt ist zwar im irdischen Gravitationsfeld nur gering, er wird jedoch beim GPS-Navigationssystem zur Vermeidung von Fehlern bei der Positionsbestimmung über eine entsprechende Frequenzkorrektur der Funksignale berücksichtigt.“*[50]

Und falls der eine oder andere Leser dieses Buches nun nicht alles bis in die Tiefen verstanden hat, dann tröste er sich mit dem Autor des Buches, dem es genauso geht…und der versprechen kann, dass die Botschaft aus den beiden Relativitätstheorien verständlicher sind als die Theorien selbst. Kommen wir also endlich zu den Botschaften!

D. Botschaften

1. Die Botschaft der Physik und des klaren Denkens: Zusammenfügen und unterscheiden

Als Vorausblick auf alle kommenden Botschaften muss gesagt werden, dass diese immer „mehrstimmig“ sein werden. Neben der Stimme der Physik werden stets andere Stimmen zu hören sein. Das ist in sich bereits eine wichtige Botschaft: Wir brauchen immer mehr als Physik, wenn etwas die Qualität einer „Botschaft“ mit dem hohen Anspruch von „Wahrheit“ erreichen soll. Eine wichtige Stimme neben der Physik wird das Denken

---

50 https://de.wikipedia.org/wiki/Relativit%C3%A4tstheorie#Die_allgemeine_Relativit.C3.A4tstheorie
Zugriff: 5.11.2016

selbst sein. Deshalb ist es wichtig, über das Denken nachzudenken. Und damit sind wir bei der Philosophie:

Physik und Philosophie

Martin Heidegger formulierte den provokanten und (wie Heidegger selber ihn nennt) anstößigen Satz: *„Die Wissenschaft denkt nicht."*[51] Damit wollte er nicht etwa nur sagen, dass nicht die Wissenschaft, sondern die Wissenschaftler denken. Das ist selbstverständlich; und Heidegger will den Wissenschaftlern nicht in Abrede stellen, dass sie denken. Er will auch nicht die eine oder andere Gedankenlosigkeit kritisieren. Er will vielmehr ganz grundsätzlich darauf aufmerksam machen, dass die Wissenschaft auf rein wissenschaftlichem Wege vieles nicht denken kann. So kann z.B. die Physik nicht mit Mitteln der Physik bestimmen und sagen, was Physik ist. Keine Naturwissenschaft kann sich mit ihrem eigenen Instrumentarium definieren. Heidegger: *„Die Physik kann als Physik über die Physik keine Aussagen machen. Alle Aussagen der Physik sprechen physikalisch. Die Physik selbst ist kein möglicher Gegenstand eines physikalischen Experimentes... Das Gesagte gilt für jede Wissenschaft."* Wichtig ist nun die gegenseitige Verhältnisbestimmung: *„Alle Wissenschaften gründen in der Philosophie, aber nicht umgekehrt."* [52] Dementsprechend kann die Wissenschaft nicht auf die Philosophie verzichten. Die Philosophie könnte auf die Wissenschaft verzichten, was allerdings nicht ohne Verarmung geschähe. Und die Quantenphysik hat Heideggers Feststellung eindrücklich bestätigt.

Wir müssen konkret auch über das Denken in der Physik nachdenken. Dabei werden wir auf den Schritt vom immerwährenden „Entweder-Oder" hin zum „komplementären Denken" stoßen. Und wir befassen uns mit dem zu engen „Denkrahmen" des mechanistischen Denkens, wie er im 17. Jahrhundert geschaffen worden war, durch die Quantenphysik aber sozusagen von ihnen her gesprengt wurde. Das „komplementäre Denken" ist ein Teil eines neuen und viel weiteren Denkrahmens.

Thomas v. Aquin sprach vom „intellectus componens et dividens": Einsicht muss zusammenfügen und trennen (unterscheiden, differenzieren) können. Gerade am Zusammenfügen und Unterscheiden mangelt es heute oft. Selbst bei großen Wissenschaftlern begegnet man hin und wieder „logischen Systemfehlern", die sich dann als „systematische Logikfehler" durch ihr Denken ziehen. So z.B. mit der irrigen Annahme, durch die Erforschung der Gesetze (Naturgesetze) hätte man die Existenz des

[51] Heidegger, Martin: Was heißt denken?, Tübingen 1984, S. 4

[52] Heidegger, Martin: Was heißt denken?, Tübingen 1984, S. 90.

Gesetzgebers (Gott) widerlegt. Oder: Der selbständige Kosmos mit alle seinen Teilen und Systemen, die ohne ständige göttliche Intervention „funktionieren", spräche gegen einen Schöpfer - wo doch gerade diese Selbstständigkeit eine hohes Qualitätsmerkmal ist und für den Schöpfer spricht! Beim Autokauf halten wir auch nicht das Modell für das beste, bei dem ständig ein Monteur nebenher rennen muss, um bestimmte Funktionen wieder in Gang zu bringen! - Was ein „logischer Systemfehlern" und dann „systematischer Logikfehler" ist? Dazu eine lustige Begebenheit von unserem zweitältesten Enkelsohn. Als er Zweidreiviertel war, lernte er mit seinem älteren Bruder das Alphabet, auch die Sequenz „Q - R – S - T". Da fragte ihn seine Mama: „Wie macht's die Kuh." Wie aus der Pistole geschossen kam das „Q" in seinen Kopf und die Antwort "R – S - T" aus seinem Mund. Und als seine Mama fragte: „Willst du Tee?", antwortete er: „Nein, A." - Die eingefahrenen Gleise des Alphabets waren aber wohl nicht so ganz der richtige Lösungsweg für Fragen aus den Bereichen Biologie und Ernährung: „logischer Systemfehlern" und „systematischer Logikfehler"! Man könnte auch vom „Kategorienfehler" sprechen, was dann allerdings der philosophiegeschichtlichen Füllung des Begriffes Kategorie (insbesondere durch Aristoteles und Thomas von Aquin) nicht wirklich entspräche.

Philosophischem Denken entspricht es auch, dass es immer wieder um ein sehr großes und sehr komplexeres Ganzes gehen wird. Das wird auch darin seinen Ausdruck darin finden, dass wir an mehreren Stellen bewusst die Wissenschaft als Ganze betrachten, andere Einzelwissenschaften neben der Physik einbeziehen und auch Wirklichkeitszugänge neben der Wissenschaft bedenken. So werden wir etwas von der Einheit und gleichzeitigen Vielfalt und „Verschränktheit" der Wirklichkeit zu erfassen suchen.

Physik und Glaube

Wie bei den wissenschaftlichen Grundlagen wird es nun auch bei den Botschaften mit „harten Fakten" zugehen. Und zugleich soll es mit „Herz und Glaube" weitergehen. Bei der Verhältnisbestimmung von jüdisch-christlichem Glauben und Naturwissenschaft geht es darum, alle gegenseitige Übergriffigkeit und alle Grenzverwischung zu vermeiden und zugleich Brücken zwischen den beiden großen Bereichen zu erkennen. Glaube und Wissenschaft „gesund" zu erhalten und sinnvoll auseinanderzuhalten und dann doch letztlich als unterschiedliche „Seiten des gleichen Buches" beieinander zu halten, ist die schöne Aufgabe eines klaren Denkens.

Während wir uns in unseren Botschaften sozusagen linear zu unterschiedlichen Themen der Physik und ihres Umfeldes bewegen werden, kreisen wir doch zugleich immer wieder um die Gottesfrage und ihre Konsequenzen. Wir denken ständig auf Gott hin...und von ihm her. Ein großes Vorbild dafür mag überraschen: Gerade *Aristoteles*, der „Vater abendländischer Wissenschaft" mit seinem Bemühen um das Konkrete und Einzelne in der Welt war „Theozentiker"! *„An einem lässt indessen Aristoteles keinen Zweifel, dass nämlich alle Teile seiner Wissenschaft vom »herrschendsten Wissen« (kyriotate episteme) und d.h. von seiner Theologie her begriffen werden müssen." (Hans-Friedrich Bartig)* Nun gibt es zwischen aristotelischer und jüdisch-christlicher Theologie natürlich gravierende Unterschiede. Auf die beschriebene Denkmitte hat das aber keinen Einfluss. Es sei ja sogar noch viel selbstverständlicher, dass ein liebender Gott-Vater umso mehr im Mittelpunkt steht, mehr als der „unbewegter Beweger" des Aristoteles.

Bei alledem wird hoffentlich weder „blauer Dunst" noch ein (heute viel zu oft anzutreffender) geradezu verschämtes Reden über Gott herauskommen. *Wolfgang Pauli* schrieb in einem Brief an Victor Weisskopf: *„Nach meiner Ansicht ist es nur ein schmaler Weg der Wahrheit, der zwischen der Szylla eines blauen Dunstes von Mystik und der Charybdis eines sterilen Rationalismus hindurchführt. Dieser Weg wird immer voller Fallen sein, und man kann nach beiden Seiten abstürzen."*

Die therapeutische Funktion des Glaubens für die Vernunft

Dass der Glaube gesundend wirkt, ist eine schöne Erfahrung vor und nach dem Sprung. Heilsam auch für Denken und Vernunft! *Joseph Ratzinger/Benedikt XVI.* sagte über die therapeutische Funktion des Glaubens für die Vernunft: *„Nicht die mindeste Funktion des Glaubens ist es, dass er Heilungen für die Vernunft als Vernunft anbietet, sie nicht vergewaltigt, ihr nicht äußerlich bleibt, sondern sie gerade wieder zu sich selber bringt. Das geschichtliche Instrument des Glaubens kann die Vernunft als solche wieder freimachen, so dass sie nun – von ihm auf den Weg gebracht – wieder selber sehen kann. Um einen solchen neuen dialogischen Umgang von Glaube und Philosophie müssen wir uns mühen, denn beide brauchen einander. Die Vernunft wird ohne den Glauben nicht heil, aber der Glaube wird ohne die Vernunft nicht menschlich."*

Denken und Humor

Als Ermutigung zu einem vielfältigen und phantasiereichen Denken, hier noch eine kleine Geschichte: Ein Physikstudent wurde in einer Prüfung gefragt, wie er mit einem Barometer die Höhe eines Wolkenkratzers bestimmen könne. „Indem ich das Barometer an eine Schnur binde und die Höhe des Barometers und die Länge der Schnur addiere." Der Prüfer war außer sich. Der Student: „Ich könnte es auch ohne viel nachzudenken und ganz konventionell machen. Ich könnte einfach mit dem Barometer den

Luftdruck auf dem Erdboden und oben auf dem Hochhaus messen und aufgrund der Differenz die Höhe des Gebäudes berechnen." Der Prüfer war positiv überrascht. „Die schlauste Lösung wäre allerdings", fügte der Student an, „ich gehe zum Hausmeister und sage ihm, dass ich ihm ein Barometer schenke, wenn er mir die Höhe des Wolkenkratzers verrät." – Der Student sollte die Prüfung schon deshalb bestanden haben, weil er physikalisch und nicht nur physikalisch denken konnte!

Die Botschaft des Denkens im Telegrammstil

Wir brauchen selbst in der Physik philosophisches Denken, also mehr als Physik. Dies gilt umso mehr, wenn etwas die Qualität einer „Botschaft" mit dem hohen Anspruch von „Wahrheit" erreichen soll. Immer wieder geht es bei einem gesunden und gesundheitsförderlichen Denken um ein sinnvolles Zusammenfügen und Trennen (Unterscheiden, Differenzieren); nicht zuletzt bei den Fragen um Glaube und Wissenschaft.

2. Die Botschaft des Staunens: Neues entdecken und „springen"

Mit dem Staunen begann und beginnt alle Wissenschaft...und aus dem Staunen kann die Fähigkeit und Kraft zum persönlichen „Springen" entstehen. Zunächst wollen wir uns allgemein mit dem Staunen befassen, wobei unser Thema Physik implizit immer schon mitschwingt. Explizit um das Staunen im Zusammenhang mit der Physik geht es dann im Fortgang dieses Kapitels.

Erstaunt-sein und Anstaunen: Zwei Pole des Staunens als Triebkraft der Forschung

Staunen besteht aus zwei Polen. Der eine Pol ist das Anstaunen, das Überwältigt-sein, die Begeisterung, das Glück und die Freude darüber, dass es so etwas gibt. Der andere Pol ist das Erstaunt-sein, die Verwunderung, die Frage, wie es so etwas bloß geben kann. Beide Pole waren und sind wichtige Triebkräfte der Forschung.

Platon und Aristoteles sahen im Staunen den Ursprung der Philosophie. Wichtig dabei ist Zweierlei: Philosophie und Wissenschaft waren für sie vollkommen identisch; und sie meinten den von uns so genannten „zweiten Pol des Staunens": die Verwunderung darüber, wie so etwas bloß sein kann. *Platon* lässt in seinem Dialog *Theaitetos* den Sokrates sagen: *„Das Staunen (die Verwunderung) ist die Einstellung eines Mannes, der die Weisheit wahrhaft liebt, ja es gibt keinen anderen* Anfang *der Philosophie als diesen."*[53] Und *Aristoteles* schrieb: *„Denn Staunen veranlasste zuerst*

[53] Platon, Theaitetos 155 D.

wie noch heute die Menschen zum Philosophieren.“[54] Staunen ist hier zugleich die Verwunderung über die eigene Unkenntnis und der Ansporn zum Forschen und Erkennen, zum Lösen des Rätsels. Philosophie wurde dann sozusagen zur Institution des zur guten Gewohnheit gewordenen Erstaunt-seins. *Bertrand Russell* (1872-1970) sagte von der Philosophie: *„Sie hält unsere Fähigkeit, zu erstaunen wach, indem sie uns vertraute Dinge von uns nicht vertrauten Seiten zeigt.“* Und mit der Wissenschaft, die heute als „erwachsenes Kind“ eigenständig neben die „Mutter Philosophie“ getreten ist, verhält es sich wie bei ihrer Mutter. *Wilhelm Röpke: „An der Schwelle jeder wissenschaftlicher Betrachtung der Welt steht die Verwunderung."* Wo es uns geschenkt wird, längst Bekanntes in neuem Licht und unter anderer Perspektive zu sehen, kommt es zum Entdecken. *R.W. Emerson* (1803-1882) formulierte: *„Die Menschen lieben es zu staunen und das ist die Saat unserer Wissenschaft.“*

Der erste Pol des Staunens, das Überwältigt-sein und das Glück, steht für Platon dann am Ende des philosophischen Aufstieges der Vernunft hin zu den „Ideen“. Für Aristoteles ist dieses Anstaunen als Schau der würdigsten Gegenstände, als „Theorie“ (in einem sehr tiefen Sinne) zu erfahren. Und für viele Naturforscher ist dieses „Glücks-Staunen“ ab und an schon eine schöne Erfahrung unterwegs...und ein reicher Lohn am Ende ihrer Forschungsarbeit.

Die kindliche Kunst des Staunens als Vorbild

Theodor Fontane schrieb: *„Anstaunen ist auch eine Kunst. Es gehört etwas dazu, Großes als groß zu begreifen.“* Und *Ernst Ferstl: „Wer das Staunen und Wundern verlernt hat, lernt keine Wunder kennen.“* Schon sehr früh begegnet uns dieses glückliche Staunen im Alten Testament - und daraus das Loben und Danken angesichts der Wunder Gottes in Schöpfung und Geschichte. Wir lesen bis heute mit Gewinn diese alten Staune-Texte.

Unübertrefflich knapp und tief zugleich ist das, was *Jesus* dazu sagte: *Wahrlich, ich sage euch: Wenn ihr nicht umkehrt und werdet wie die Kinder, so werdet ihr nicht ins Himmelreich kommen.* (Matthäus 18,3) - Es ist klar, dass Jesus uns damit nicht den Weg zur kindlichen oder gar kindischen Unwissenheit weisen will, sondern zur Offenheit für Neues und zum Vertrauen gegenüber dem Vater. Denn nur mit diesen Herzenshaltungen können wir das Himmelreich erleben. Jesus weist uns damit (auch) auf den Weg des Staunens, in dem uns die Kinder so leuchtende Vorbilder sind.

---

[54] Aristoteles, metaph. I, c. 1, 982b 11

Das Staunen eines Kindes gehört zum Schönsten, was man als Erwachsener erleben kann. Die mitunter etwas belächelte Kunst des Staunens (man vergisst die Zeit, wirkt vielleicht ein bisschen weltfremd...) war mir reichlich in die Wiege gelegt und hat mich bis heute nicht verlassen. Als ich das erste Mal die Ostsee gesehen habe, kam ich aus dem Staunen kaum mehr heraus. Und wenn ich heute die Höhen der Alpen, die Vielfalt der Blumen und die wunderbaren Führungen und Fügungen im Alltag sehe, kann ich immer wieder nur staunen.

Staunen ist auch in der Pädagogik wichtig. Die heutigen Kognitionswissenschaften würden das Staunen unter die intrinsischen Lernmotivationen zählen, die wohl mit Recht als die wirksamsten gelten. Als meine Frau unseren ersten Enkelsohn erstmals sitzenderweise im Kinderwagen durch Bad Elster schob, war das ein regelrechtes Staunefest dieses kleinen Menschen über diese für ihn so neue und große Welt. Einmal haben wir es gezählt: in 2 Minuten sagte er 60mal sein staunendes „Oh!", „Oh!", „Oh!" – Es ist der gleiche Junge, von dem wir oben bereits die „Einführung in die Relativitätstheorie" bekommen haben - mit dem täglichen Geburtstag und der ganz großen Kugel Eis. Mit gerade mal 6 Jahren rief er an: „Oma, die größte Zahl, die ich kenne, ist die Quadrillion. Geht es dann auch noch weiter?" Staunen und Lernen hängen eben eng zusammen. *Georg Christoph Lichtenberg,* der große Physiker der Aufklärungszeit und Schöpfer des deutschen Aphorismus, erinnert uns daran, dass wir alle einst Kinder waren: *„Es macht allemal einen sonderbaren Eindruck auf mich, wenn ich einen großen Gelehrten oder sonst einen wichtigen und gesetzten Mann sehe, dabei zu denken, daß doch einmal eine Zeit war, da er den Maikäfern ein Liedchen sang um sie zum Auffliegen zu ermuntern."* Diese Erinnerung darf uns zur Ermutigung werden, das Verlorene in einer
„zweiten Kindlichkeit" wieder zu finden.

Zusammenwirken der beiden Pole des Staunens

Die beiden Pole des Staunens sind nicht selten gemeinsam am Werk. Sie treffen sich bereits bei der grundlegendsten Frage des Anstaunens und der Verwunderung: Warum ist überhaupt etwas und nicht vielmehr nichts? In der Enzyklika FIDES ET RATIO von *Papst Johannes Paul II.* heißt es zusammenfassend zu beiden Polen des Staunens: *„Die grundlegenden Erkenntnisse entspringen dem Staunen, das durch die Betrachtung der Schöpfung in ihm geweckt wird: der Mensch wird von Staunen ergriffen, sobald er sich als eingebunden in die Welt und in Beziehung zu den anderen entdeckt, die ihm ähnlich sind und deren Schicksal er teilt. Hier beginnt der Weg, der ihn dann zur Entdeckung immer neuer*

Erkenntnishorizonte führen wird. Ohne das Staunen würde der Mensch in die Monotonie der Wiederholung verfallen und sehr bald zu einer wirklichen Existenz als Person unfähig werden."

Staunen als „Sprungbrett"

Staunen kann schließlich zum Wegweiser hin zum größten Geheimnis werden, zum „inneren Sprungbrett" über das wissenschaftlich Beweisbare hinaus. Dieser „Sprung" trug unterschiedliche Wissenschaftler unterschiedlich weit: bis zu einer Art religiöser Verehrung der Natur (so z.B. Einsteins "kosmische Religion" und pantheistische Sicht), bis zu einem „höheren Etwas" über der Natur oder bis zu einem personalen und persönlichen Gott und Schöpfer. *Franz v. Baader* sprach von den Grundaffekten *Ehrfurcht, Bewunderung und Sehnsucht* als dem *„anthropologischen Standpunkt"* für alles Gottesdenken. *„Nur was der Geist (Kopf) bewundert, das verehrt, liebt, und betet das Herz an."*[55] Und das kann auch ganz ohne philosophische Höhenflüge und ohne speziell wissenschaftliche Aha-Erlebnisse geschehen. Schon wenn wir einen Vogel singen hören, kann ein Staunen daraus entstehen…und bei einem „weiten Sprung" das Einstimmen in sein Loblied. Zuvor müssen wir vielleicht einfach einmal unseren „Schnabel" halten, um zu hören, welche Kunst aus dem Schnabel des Vogels kommt. Und dann öffnen wir unseren Mund wieder gemeinsam mit der ganzen Schöpfung, die dem Schöpfer auf so unterschiedliche Weise ihr Loblied singt.

Danken und Anbeten als Konsequenz und als Höchstes

Die „Theorie", d.h. die staunende Schau der würdigsten Gegenstände, ist nach *Aristoteles* die höchste Lebensform und das *„Beglückendste und Beste"*. Der allerwürdigste „Gegenstand" ist selbstredend Gott, wovon das Wort „Theorie" bis heute zeugt: als „Gottesschau" ist „Theorie" wörtlich zu übersetzen. Neuzeitlich ist „Theorie" dann „nur" noch ein System allgemeingültiger Sätze, das sich durch Widerspruchsfreiheit und Fruchtbarkeit für die Praxis auszeichnen muss; aber auch das ist ja noch etwas Hohes und Anspruchsvolles. Das wird deutlich im Vergleich zum umgangssprachlichen und sogar abfälligen Gebrauch des Ausdrucks „bloße Theorie", der meint, dass etwas mit den Fakten und mit der Lebenswirklichkeit nichts zu tun hat.

Und doch: selbst Theorie im hohen aristotelischen Sinne ist nicht das Höchste! Das Staunen in sich selbst ist nicht das Größte, wie *Goethe* vom Staunen redete als das *„Höchste, wozu der Mensch gelangen kann"*. Es wird noch übertroffen durch die Antwort auf die innere „Schau" und das überwältigte Staunen: durch Danken und Anbeten. Das ist noch einmal ein

[55] Baader, Franz v.: Gedanken aus dem grossen Zusammenhange des Lebens. In: Sämmtliche Werke. 2. Band. Hrsg. von Franz Hoffmann. Leipzig 1851, S. 14.

Sprung! Aus dem Staunen wird eine Entscheidung, ein bewusster personaler Akt, der sich auf eine andere Person zubewegt. Damit wird die „Gottesschau" noch mehr vertieft. Und darin liegt das tiefste Glück: als ein geliebtes Geschöpf inmitten der ganzen Schöpfung den allmächtigen Schöpfer und gütigen Vater anzubeten und ihm zu danken.

Wie ein kleines Kindes in seinem warmen Bettchen liegt, so sind wir umgeben von der „Wiege" der Schöpfung. Und zugleich ist es wie das Hören, Sehen und Spüren der Mutter. Man ist endlich nicht mehr „Mutterseelenallein" und nicht mehr ohne bergendes „Bett und Haus". Theologisch gesagt: Dieser Weg der Anbetung des Vaters - gemeinsam mit der ganzen Schöpfung- vermeidet die Irrtümer und Einseitigkeiten eines nur auf die Natur gerichteten Lebens (Immanentismus) und eines Gottesglaubens, der von Gottes Schöpfung irgendwie „abgehoben" lebt (Personalismus). Ich jedenfalls bin auch in diesem Sinne sehr gern Kind: geborgen und geliebt im „Bett" der Schöpfung und nahe beim Vater und Schöpfer.

Salto rückwärts…und die Frage nach dem Leid

Dass das Staunen und die aus ihm folgende Wissenschaft nicht automatisch einen inneren Sprung in eine transzendente Wirklichkeit auslöst, hat die Wissenschaftsgeschichte gezeigt. Offensichtlich ist hier kein Zwang vorgegeben, sondern ein Angebot bereitet gestellt. Der vielleicht größte Hinderungsgrund am Sprung ist das Leid, das so ganz und gar nicht zum „warmen Bett" und zum „gütigen Vater" zu passen scheint: „Nach allem, was ich an Leid gesehen habe, kann ich an keinen lieben Gott mehr glauben!" - Das ist die andere Sicht unserer Welt- und die entgegengesetzte Konsequenz des „Sprunges".

Warum ich den „Sprung" zum Gottesglauben trotz der Leidfrage als logisch und angemessen empfinde, will ich später begründen. Im Römerbrief schreibt *Paulus* sogar: *Denn was man von Gott weiß, hat er ihnen offenbart, denn sein unsichtbares Wesen, das ist seine ewige Kraft und Gottheit, wird seit Erschaffung der Welt an den Werken durch Nachdenken (mit dem Auge des Geistes) wahrgenommen, so dass sie keine Entschuldigung haben. Denn obschon sie Gott erkannten, haben sie ihn doch nicht als Gott gepriesen und ihm nicht gedankt, sondern sind in ihren Gedanken in eitlen Wahn verfallen, und ihr unverständiges Herz wurde verfinstert. Da sie sich für weise hielten, sind sie zu Narren geworden. (Römer 1,19-22)* - Und so empfinde ich die „atheistische Schlussfolgerung" eher als Salto rückwärts: als eine zwar schwierige Übung, die aber gerade in die falsche Richtung führt.

Der *Sprung* ist übrigens eine wichtige Metapher bei *Martin Heidegger* und meint bei ihm ein Zurückgehen zu einem noch früheren Anfang der Philosophie. Der Sprung des Glaubens ist ein Sprung nach vorn – und zugleich ein Zurückgehen auf den Uranfang überhaupt: hin zum Schöpfer. Die Metapher vom „Sprung" halte ich für sehr hilfreich, weil sie sowohl das Sprungbrett der harten Fakten als auch die Freiwilligkeit der persönlichen Entscheidung vereint.

Dem „Denkzwang" des neueren Atheismus hingegen, der Ergebnisse der Wissenschaft geradezu als Beweismittel gegen den Gottesglauben einsetzten möchte, kann ich nichts abgewinnen. Selbst dann nicht, wenn ich mich in ihre Lage und ihr Lager hineinzuversetzen suche! Denn unabhängig von der Grundeinstellung ist ein solches Denken rein philosophisch gesehen eine „schwache Kür". Es suggeriert, Gottesglaube sei dumm und für den Unglauben ließe sich das – in Wahrheit unrealistische - Ziel einer apodiktischen Gewissheit erlangen. Der „Salto rückwärts" ist dafür eine passende, zugleich aber zu schöne Metapher. - Die bedrängende Frage nach dem Leid ist gegenüber diesem pseudowissenschaftlichen Atheismus freilich viel ernster zu nehmen und soll später noch einmal bedacht werden.

Physik: ein großes „Sprungbrett"

Auch an den „Wiegen" der großen physikalischen Entdeckungen stand jeweils das, was wir ganz allgemein als Geburtsort wissenschaftlicher Erkenntnis beleuchtet haben: das verwunderte Staunen. Beleuchten wir die Physik explizit anhand einer „wundersamen Beleuchtung" und der „Erleuchtung", die darüber entstand: Kurz bevor *Henri Becquerel* eine ganz neue Strahlungsart entdeckte – die Radioaktivität – und damit ein riesiges Tor für die folgenden Fortschritte der Physik öffnete -, stand seine große Verwunderung: Wie in aller Welt konnte eine seiner Fotoplatten trotz ihrer dichten schwarzen Verpackung deutliche Spuren einer Belichtung aufweisen!? Die Lösung des Rätsels war ein uranhaltiges Erz, das auf dieser Fotoplatte gelegen und „gestrahlt" hatte. *Becquerels* Erstaunen und die folgende „Erleuchtung" über eine ganz andere Art von Beleuchtung ereigneten sich im Jahr 1896 - und leuchten bis zu uns.

Besondere Momente der Verwunderung erlebte auch *Albert Einstein.* Einer davon kam bei der Begegnung zweier fahrender Züge – und daraus wurde die spezielle Relativitätstheorie. Und der erste Pol des Staunens - das Überwältigtsein - war die bleibende innere Triebkraft für Einsteins Forscherdrang. Nachdem er mit gerade einmal 26 Jahren im Jahr 1905 gleich fünf der wichtigsten Arbeiten der gesamten Physikgeschichte veröffentlicht hatte (darunter zur Speziellen Relativitätstheorie und zur Äquivalenz von Masse und Energie mit der berühmten Formel $E=mc^2$)

hätte er sich eigentlich schon zur Ruhe setzen können. Aber nach dem "annus mirabilis" 1905 forschte er weiter...und kam bis zur Allgemeinen Relativitätstheorie. Die komplexen Zusammenhänge und die im Letzten so großartig einfachen Gesetze des Universums zu erkennen, war die religiöse Leidenschaft hinter der Leidenschaft des Naturforschers. Albert Einstein meinte: *„Jedem tiefen Naturforscher muss eine Art religiösen Gefühls naheliegen, weil er sich nicht vorzustellen vermag, dass die ungemein feinen Zusammenhänge, die er erschaut, von ihm zum erstenmal gedacht werden. Im unbegreiflichen Weltall offenbart sich eine grenzenlos überlegene Vernunft...“*

Der bekannte Physiker und Mathematiker *Freeman Dyson* drückte sein immer größer werdendes Anstaunen auf dem Weg seiner erstaunenden Forschungsarbeit so aus: *„Je näher ich das Universum und die Einzelheiten seiner Architektur betrachte, desto mehr Hinweise finde ich, dass das Universum gleichsam gewusst haben muß, dass wir kommen.“*

Auch mit solchen Eisichten werden wir für den Gottesglauben keine apodiktische Gewissheit erlangen. Wenn wir also „nur“ assertorische Aussagen machen können, deren Wahrheitswert bestritten werden kann, bedeutet das trotzdem nicht eine bleibende Unsicherheit. Eine sehr hohe Wahrscheinlichkeit ist bereits ein sehr starkes Argument. Und bei der Suche nach Indizien und bei einer kumulativen Anhäufung von Argumenten, beim Abwägen von Fakten und Wahrscheinlichkeiten kann schließlich ein recht klares und festgefügtes Gesamtbild entstehen. Unser Buch ist in seinem Fortgang wie ein Reiseführer für diesen Weg.

Die Botschaft des Staunens im Telegrammstil

Staunen ist der Weg zum Wissen. „Jedermann“ kann vom Staunen über die Schöpfung zum Sprung des Glaubens und der Anbetung des Schöpfers finden. In dieser neuen Kindlichkeit bei gleichzeitiger intellektueller Redlichkeit lebt es sich geborgener und besser.

3. Die Botschaft der Ästhetik: Vom äußeren und inneren Sehen zum tieferen Erkennen

Wenn es nun um Ästhetik gehen soll, geht es zugleich mit dem Staunen weiter:

Geöffnete Augen

Wie kommt man zum Staunen? – Am häufigsten wohl durch Sehen mit „geöffneten Augen“! Eine *russische Weisheit* sagt: *„Weise Menschen haben lange Ohren, große Augen und eine kurze Zunge.“* Augen und Ohren sind die Pforten, durch die das Erstaunliche in uns eindringt...und vordringt bis zum Herzen. Dabei kann das im buchstäblichen Sinne ein äußeres Sehen sein: der Anblick eines neugeborenen Kindes, eines Sonnenaufgangs, eines Paradiesvogels...Es kann aber auch ein inneres Sehen und Hören sein; in der Physik z.B. das Sehen mathematischer Muster, die zugleich wie musikalische Klänge sind. *Arnold Sommerfeld* schrieb im Vorwort zu „Atombau und Spektrallinien": *„Was wir heutzutage aus der Sprache der Spektren heraushören, ist eine wirkliche Sphärenmusik des Atoms, ein Zusammenklingen ganzzahliger Verhältnisse, eine bei aller Mannigfaltigkeit zunehmende Ordnung und Harmonie."* Jedenfalls hat *Antoine de Saint-Exupéry* Recht: *„Man sieht nur mit dem Herzen gut. Das Wesentliche ist für die Augen unsichtbar."*

Das schönste Bild vom Sehen und vom Staunen habe ich in einem Kinderbuch gefunden. Der holländische Maler Kees de Kort hat die Geschichte von der Heilung des blinden Bartimäus in einem Bilderzyklus dargestellt: Bartimäus als blinden Bettler, sein lautes Rufen nach Jesus, seine wunderbare Heilung. Und dann kommt das Bild vom großen Staunen: die weit aufgerissenen Augen des jungen Mannes, der Mund, die Hände...alles ist nur noch ein einziges „Aaaaaaaaah". Bartimäus kann sehen: Farben, Formen, überwältigende Schönheit!

Eine "Blindenheilung" ist es auch, wenn jemand die „ehrfurchtgebietende Natur der Schöpfung" zu sehen beginnt und ins Staunen kommt...und „springt". *Francis Collins*, der langjährige Chef des "Human Genome Projects" und überzeugter Atheist, hat das erlebt. *„Er leitet die Nationalen Gesundheitsinstitute der USA (National Institutes of Health, NIH) in Bethesda bei Washington. Jahresbudget: 32 Milliarden Dollar, etwa 23 Milliarden Euro. Keine andere Forschungs-Förderorganisation hat mehr Geld. Mitarbeiter: 18 000. In gewisser Weise ist Collins der mächtigste Wissenschaftler der Welt. [...] Bekehrt wurde der „abscheuliche Atheist" (Collins über Collins) beim Wandern in den Bergen. Als er um eine Felskante bog, erblickte er plötzlich einen gefrorenen Wasserfall, perfekt in drei Teile gespalten. Für Collins war das die Offenbarung der Heiligen Dreifaltigkeit."*[56] - Collins hat später ein „Rechenschaftsbuch" über den neu gefundenen Glauben geschrieben.[57]

Merkwürdigerweise war er – mit Doktortiteln für physikalische Chemie und für Medizin und als leitender Erforscher des menschlichen Genoms –

---

[56] http://www.tagesspiegel.de/kultur/glaube/francis-collins-der-genetiker-und-die-sprache-gottes/1956530.html

[57] Francis Collins, Gott und die Gene. Ein Naturwissenschaftler begründet seinen Glauben, Gütersloh 2007.

erst beim Anblick dieser ungewöhnlichen Naturerscheinung zu einem Sinneswandel gekommen. Die menschliche DNA ist für mich eine tiefere Schönheit und ein noch größeres Wunder als der „trinitarische“ Wasserfall. Ist es nicht überaus erstaunlich…

- dass die DNA in jeder unserer Zellen die Informationsmenge von mehr als hunderttausend Buchseiten im Kleindruck enthält,
- dass der Bauplan für unser Gehirn nur einen Teil dieser „Bauplansammlung“ ausmacht,
- dass diese DNA von ihrer Größe her aber ein Datenträger im mikroskopisch kleinen Bereich der Tausendstel-Millimeter ist,
- dass die Doppelhelix der DNA zugleich als der erste geniale 3-D-Kopierer bezeichnet werden könnte
- und dass die Aneinanderreihung aller so winzigen DNA-Fäden in den etwa 100 Billionen Zellen eines erwachsenen Menschen etwa 6000mal zum Mond und zurück reichen würde?

Das alles konnte Francis Collins sehen. Aber das „Augenöffnen“ und Staunen ist halt ein Widerfahrnis, das man nicht planen kann.

Die Zahl 3 im Mikrokosmos

Dringen wir nun etwas näher vor auf unserer Expedition in die - gegenüber der DNA noch weit kleinere - und doch so „große“ Quantenwelt! Eine auffallend wichtige Rolle spielt dort die Zahl 3:

- Die Quarks tragen eine drittelzahlige elektrische Elementarladung.
- Es gibt sechs (2x3) Quarks (up, down, strange, charm, bottom, top) und sechs (2x3) Antiquarks. Alle konnten experimentell nachgewiesen werden.
- Es gibt auch genau sechs (2x3) Leptonen, der zweiten Art der elementaren Materieteilchen.
- Erstaunlicherweise gehören die Quarks und Leptonen von ihren „Gewichtsklassen“ her zu genau 3 „Generationen“ oder „Familien“. (Die Elementarteilchen der zweiten und dritten Familie sind instabil. Sie zerfallen rasend schnell in Teilchen der ersten Familie.)
- Aktuell bestehen wir und die uns umgebende Welt nur aus drei verschiedenen Teilchen: Up-Quarks, Down-Quarks und Elektronen.[58]
- Es gibt drei Arten von Neutrinos.

[58]„Heute besteht die uns umgebende sichtbare Materie ausschließlich aus Teilchen der ersten Familie. Im Grunde bestehen wir also nur aus drei verschiedenen Teilchen: Up-Quarks, Down-Quarks und Elektronen. Teilchen der zweiten und dritten Familie können allerdings in Teilchenbeschleunigern wie dem LHC künstlich für sehr kurze Zeit erzeugt werden, bevor sie wieder in ihre leichteren Familienmitglieder zerfallen. Darüber hinaus entstehen sie häufig in der auf die Erde niedergehenden kosmischen Strahlung.“ (http://www.weltmaschine.de/physik/standardmodell_der_teilchenphysik/)

- Drei Symmetrien erklären die Arbeit der Kraftteilchen - und damit einen wichtigen Teil dessen, „was die Welt im Innersten zusammenhält".

Jedenfalls ist die Dreierstruktur des Mikrokosmos kaum zu übersehen...und ist doch bisher nicht als einzig mögliche Variante oder zwingende physikalische Notwendigkeit zu erklären. Die Physiker rätseln: *„Bis heute ist es nicht klar, warum die Natur die Zahl drei bevorzugt..."* (*Harald Fritzsch*)

Die Zahl 4 im Makro- und Mikrokosmos

Sowohl in der Welt des Großen wie auch des Kleinen ist unsere Welt zudem von der Zahl 4 geprägt:

- Die moderne Physik hat unsere gesamte physikalische Weltwirklichkeit auf *vier Grundkräfte* zurückführen können. Diese *Grundkräfte* oder besser *fundamentale Wechselwirkungen* sind:
    - die Gravitation (Schwerkraft),
    - die elektromagnetische Wechselwirkung,
    - die schwache Kernkraft
    - und die starke Kernkraft.
- Die bisher bekannten Elementarteilchen lassen sich 4 Arten einteilen: Quarks, Leptonen, Eichbosonen und das Higgs-Teilchen.
- Mit der Relativitätstheorie kam plötzlich noch ein „Vierer" für den gesamten Kosmos dazu: die Erkenntnis der Vereinigung von Raum und Zeit in einer einheitlichen vierdimensionalen Struktur zu einer vierdimensionalen Raumzeit. Daraus ergibt sich ein Orts-Vierervektor, eine Vierergeschwindigkeit, ein Viererimpuls, eine Viererbeschleunigung und eine Viererkraft.[59]
- Außerdem gibt es die uns vertrauten prägenden „Vierer" auf unserer Erde: vier Himmelsrichtungen und vier Jahreszeiten.

So ist die „Vier" für unsere Welt derart fundamental und allgegenwärtig, dass man mit Fug und Recht von einer „Vierer-Welt" reden kann.

Die „Zahl Gottes" und die „Zahl der Welt" oder „Fingerabdruck des Zufalls"?

Sind diese Zahlenstrukturen ein „Fingerabdruck des Zufalls"? Und falls ja, woher hat der Zufall diesen eindrücklichen „Fingerabdruck"?

Die Symbolzahl 3 steht in der biblischen Offenbarung für den dreieinigen Gott. Wenn es diesen Gott geben sollte, wäre es nicht weit hergeholt, dass

[59] https://de.wikipedia.org/wiki/Vierervektor (Zugriff 24.11.2016)

er als „Dreieinigkeit" der gesamten Schöpfung bereits im Allerkleinsten und damit überall ihr „Dreiersiegel" aufgeprägt haben könnte.

Die „Vier" ist die biblische Symbolzahl der Welt. (Die vier Evangelien kann man als Ausdruck dafür verstehen, dass die gute Nachricht von Jesus der ganzen Welt gilt: allen vier Himmelsrichtungen.) Beim Betrachten der Welt durch die „Brille" der neueren Physik wird man unweigerlich an diese alte Symbolik der Bibel erinnert.

Natürlich kann es sein, dass neue Erkenntnisse die Anzahl der Teilchenarten verändern. Es bleibt aber abzuwarten, ob sich nicht auch dann die Zahlen 3 und 4 wiederfinden. Und natürlich kann man das alles als Zufall und die biblische Zahlensymbolik als Zahlenspielerei abtun. Der Gedanke einer intelligenten Planung, eines „intelligent design" erschient mir allerdings durchaus naheliegend und intelligent zu sein.

So viel Größe und Schönheit!

Ich jedenfalls kann nicht denken und zugleich glauben, dass diese großartige Welt der kleinsten und der größten Dinge - und auch das Auge, mit dem Sie diesen Satz eben lesen - Produkte des bloßen Zufalls sind. Die Welt ist eine große Symphonie unendlich vieler Kunstwerke.

> *„Wenn ich, o Schöpfer, deine Macht, die Weisheit deiner Wege, die Liebe, die für alle wacht, anbetend überlege: so weiß ich, von Bewundrung voll, nicht, wie ich dich erheben soll, mein Gott, mein Herr und Vater!"*[60]

Die moderne Physik hat den Eindruck der hohen Ästhetik vom Größten bis zum Kleinsten vertieft. Die Symmetrien im atomaren Bereich sind Ausdruck einer wunderbaren Ästhetik.[61] Und wenn eines der sechs Quarks in der Elementarteilchentheorie „charm" (Reiz) heißt (seine Entdecker waren angeblich davon fasziniert, dass dieses Elementarteilchen Symmetrie in die subatomare Welt brachte), ein zweites (das Bottom-Quark) auch „beauty" (Schönheit) genannt wird, dann ist das ein schönes Symbol dieser umfassenden Schönheit im Kleinen.

---

[60] Christian Fürchtegott Gellert

[61] Siehe dazu: Mainzer, Klaus: Symmetrien der Natur: Ein Handbuch zur Natur- und Wissenschaftsphilosophie, Berlin, New York 1988.

Wissenschaft als Kunst denken, Kunst als Helferin der Wissenschaft

Die unmittelbare Sachwalterin der Ästhetik ist die Kunst. Damit meine ich hier neben der bildenden Kunst auch die Musik. Und die Wissenschaft schickt sich inzwischen an, mehr in Kategorien der Kunst zu denken. Ein allgemeinverständliches Lesebuch dazu ist *Fischers* Werk „Die Verzauberung der Welt – Eine andere Geschichte der Naturwissenschaften“[62], das den Aspekt der Ästhetik betont.

Die Kunst hält für die Wissenschaft drei wichtige Dienste des Helfens und Ergänzens bereit. Sie kann helfen,

- Neues zu entdecken, weil Phantasie und innere Bilder ein wichtiger Zugang zur Wirklichkeit sind, *Einstein* sprach von der überragenden Wichtigkeit der Vorstellungskraft und von *"Musikalität im Denken";*
- das Erkannte zu deuten und zur verstehen (vgl. *Arnold Sommerfeld* Deutung der *Sphärenmusik des Atoms)*
- das Erkannte zu illustrieren und damit auch für scheinbar „trockenes Wissen“ zu begeistern und dieses Wissen so besser in die Gesellschaft hinein zu multiplizieren.

Ästhetik und Ethik

Ästhetik ist zudem ein gutes „Sprungbrett“ hin zur Ethik. Das Schöne erscheint uns als schützenswert. Ich habe das eindrücklich als Vorsitzender eines diakonischen Vereins erlebt, zu dem auch ein sehr schönes altes „Herrenhaus“ gehört, im Volksmund „Schilbacher Schloss“ genannt. Gerade dieses Haus nutzen wir als europäische Bildungs- und Jugendbegegnungsstätte. Und das Frappierende: wir hatten dort noch nie mit Vandalismus zu tun, weil die Schönheit und die Atmosphäre des Friedens „entwaffnet“. Das gilt ebenso für die Schönheit der Natur und das Bedürfnis ihres aufmerksamen Betrachters, diese Schönheit zu schützen und zu bewahren.

Exkurs: Romantik, Kierkegaard, Roger Bacon

Die Bewunderung der Größe und Schönheit der Natur war die Triebkraft der Romantik (ihre Kernzeit war das 19. Jahrhundert), die damit auch eine Gegenbewegung gegen ein „bemächtigendes“ Naturverständnis der Naturwissenschaft darstellt. Die Zusammengehörigkeit von „schön“ und „gut“ ist aber doch nicht so selbstverständlich, wie man meinen mag. Wo etwa der Körper der Frau in Teilen der Romantik zum Objekt ästhetischer Neugier degradiert wurde, ist solche Schönheit nicht mehr wirklich schön, weil nicht mehr gut. Schon *Kierkegaard* hat darin die Verirrung der

[62] Fischer, E. P.: Die Verzauberung der Welt – Eine andere Geschichte der Naturwissenschaften, München 2014

Romantik erkannt und sie in *„Entweder – Oder"* entlarvt. Er schreibt: *„Was bei meinem Entweder – Oder so wichtig ist, ist das Ethische."* Oder: *„Ich wollte, daß Du Dich losrissest von den Illusionen der Ästhetik, und aus den Träumen einer halben Verzweiflung, um für den Ernst des Geistes zu erwachen."* - Die Geschichte nach der Romantik bis zur sog. „sexuellen Revolution" hat deutlich gezeigt, dass diesbezüglich nicht Schlegel, sondern Kierkegaard das gelehrt hatte, was dem Menschen wirklich zur Würde und zur Freiheit dienen kann.

Ein großes Vorbild dafür, dass alles „am richtigen Fleck" sein kann, ist der Franziskaner *Roger Bacon* (um1220-92). Die Gottes- und Christusliebe ist das innerste Markenzeichen der franziskanischen Bewegung. Die Naturverbundenheit kommt in geradezu selbstverständlicher Weise dazu; die biblische Ethik der Verantwortung und Nächstenliebe ebenfalls. Und es gibt wohl kaum einen zweiten Theologen, der der Kunst eine so wesentliche Richtungsweisung gab wie Roger Bacon. In seinem dem Papst zugeeigneten „Opus majus" forderte der auch naturwissenschaftlich sehr gebildete Ordensmann, die Kunst müsse endlich wieder die biblischen Geschichten so darstellen, dass dort wirkliche Menschen in einem dreidimensionalen Raum erkennbar werden, dass man Salomos Tempel und sogar das himmlische Jerusalem *„mit den Augen betreten"* könne. Die byzantinische Glorifizierung hatte alles in eine unerreichbare Ferne gerückt. Bacon wollte wieder Erdnähe und wahre Menschlichkeit, weil sie dem menschgewordenen Gottessohn Jesus entspricht. - In bahnbrechender Weise umgesetzt hat dieses Anliegen dann Giotto di Bondone. Wenn man etwa seine Darstellung der „Flucht aus Ägypten" (um 1300) betrachtet, dann sind dort wirkliche Menschen in einer wirklichen Landschaft mit Raumtiefe, mit Bergen und mit Bäumen zu sehen. Und zugleich- und durch die irdische Schönheit eher noch verstärkt- malt Giotto Herrlichkeit und Göttlichkeit, z.B. in Gestalt eines Engels, der die heilige Familie auf der Flucht begleitet.

Die Botschaft der Ästhetik im Telegrammstil

Die gute Botschaft heißt: „Jedermann" kann vom äußeren und inneren Sehen der Schönheit zum Staunen, zum tieferen Erkennen der Schöpfung und zur Anbetung des Schöpfers vorstoßen. Kunst und Wissenschaft sind hilfreiche Partner im Forschen, Verstehen und Multiplizieren. Ästhetik ist nicht zuletzt auch für einen ethischen Umgang mit den Mitmenschen und der Umwelt wichtig.

4. Die Botschaft der Axiome: Jedermann kann glauben

Manchen hörte ich sagen: „Ich kann nicht glauben." - Das wiederum kann ich nicht glauben. Wenn wir in einen Bus einsteigen, kontrollieren wir kaum den Fahrer, ob er überhaupt einen Führerschein besitzt und ob er nüchtern ist. Wir glauben ihm einfach...und lassen uns durch die Gegend kutschieren.

Zu wenig bekannt ist, dass es keine Wissenschaft ohne ein Fundament des Glaubens gibt. Man nennt diese Fundamente „Axiome“: Gegebenheiten oder Wahrheiten, die würdig sind, geglaubt zu werden (das griechische Wort „axios“ bedeutet „würdig“). Eines der grundlegendsten Axiome aller Naturwissenschaft ist, dass es die Welt außerhalb unseres Bewusstseins wirklich gibt. Die Realität der Welt entzieht sich dem strengen logischen Beweis, weil man immer wieder einwenden kann, alles sei nur eine Vorspiegelung unsres Bewusstseins. Und „von außerhalb unsere Bewusstseins“ können wir eben nicht denken...Descartes berühmtes „cogito ergo sum“ (ich denke, also bin ich) wollte dieser Zwickmühle entgehen: das Denken, das ich eben vollziehe, beweist aber nur, dass es dieses Denken und Bewusstsein gibt. Den denkenden Menschen „drum herum“ hat man damit nicht wirklich bewiesen: ich selbst könnte ja auch nur ein Phantombild sein und das Denken etwas völlig Selbständiges. - Dieser Gedanken ist zwar reichlich „doof“, er zeigt aber, dass die Grenze des Beweisbaren sozusagen schon „bei der tiefsten Wurzel“ beginnt.

Wir haben also keine andere Wahl als zu glauben. Und wenn wir mit uns selbst und der Welt zurechtkommen und sinnvoll umgehen wollen, ist es nötig, möglichst sinnvolle Dinge zu glauben. Dass es keine Welt und allein nur das Denken gäbe, wäre ein ziemlich „verrücktes Axiom“. Aber selbst die zum Aufwachen aus dieser Verrücktheit verabreichte Ohrfeige und der spürbare Schmerz könnte von einem besonders sturen Vertreter des „keine-Welt-Axioms“ wieder als reine Vorspiegelung des Bewusstseins interpretiert werden. Und dass das alles nicht nur Spaß ist, erlebt jeder, der mit Menschen zu tun hat, die an einer Wahnerkrankung leiden: sie glauben so fest an ihre merkwürdige eigene Welt, dass jeder Widerspruch dagegen von ihnen als Lüge, Boshaftigkeit oder Bedrohung empfunden wird. Ich könnte Geschichten davon erzählen...Sinnvolle Axiome gehören zu einer im besten Sinne „optimistische Weltanschauung“, von der *Albert Schweitzer* einst sagte: *„Optimistisch ist diejenige Weltanschauung, die das Sein höher als das Nichts stellt und so die Welt und das Leben als etwas an sich Wertvolles bejaht.".*[63]

„Axiome“ sind also Fundamente, die man nicht mehr beweisen, sondern einfach nur noch glauben kann. Und wenn man nicht „verrückt“ ist, sind viele dieser Axiome „evident“ und „selbstverständlich“. Das heißt dann

[63] Schweitzer, Albert: Verfall und Wiederaufbau der Kultur.., München [12]1955, . S. 58

auch, dass wir uns diesen „vernünftigen Glauben" gar nicht aussuchen können. *„Denn wir stehen auf einem Grunde, der selbst nie Gegenstand wird: Das ist der Glaube. Es steht nicht in unserem Belieben, nichts zu glauben, und wir haben nicht die Freiheit, uns den Glauben an jenen Grund zu wählen".* (*Viktor von Weizsäcker*)

Wer Wissenschaft treiben will, sollte also neben dem kritischen Denkvermögen ein gesundes Maß an Glauben mitbringen! Der Physiker, Chemiker und Philosoph *Michael Polanyi* (1891-1976) schrieb dazu: *„Ein Kind könnte niemals lernen zu sprechen wenn es annähme, dass die Worte, welches in seiner Hörweite benutzt werden, sinnlos sind, oder wenn es auch nur annähme, dass fünf von zehn auf dieser Weise benutzen Worten sinnlos wären. Ähnlich kann niemand ein Wissenschaftler werden, wenn er nicht annimmt, dass die wissenschaftliche Lehre und Methode grundsätzlich hörenswert („sound") sind und ihre letztgültigen Vorraussetzungen ungefragt akzeptiert werden können. Wir haben hier ein Beispiel des Prozesses, der von den Kirchenvätern epigrammatisch mit den Worten beschreiben wurde: fides quaerens intellectum, Glaube auf der Suche nach Verstehen."*[64]

Der Gottesglaube freilich steht noch auf einem etwas anderen Blatt als die Axiome der Wissenschaft. Man kann zwar auch Gott als das „Axiom aller Axiome" sehen, ohne das es die Welt nicht gäbe. Dann steht dieses „Axiom aller Axiome" aber einerseits auf einer höheren Eben als alle anderen. Und andererseits gibt es gerade gegen Gottes Evidenz und Selbstverständlichkeit mehr Einreden bzw. Ausreden als sonst üblich. Besonders beliebt sind heute die Eigenintelligenz der Materie und die wunderbare Schöpferkraft des Zufalls.

Grenzen des Verstehens und praktischer Glaube

Die Physiker selbst sagen uns, die Quantenmechanik könne man nicht mehr wirklich verstehen. Man könne ihre Realität nur zur Kenntnis nehmen, sie aufgrund guter Gründe glauben. Und weil wir sie glauben, können wir viel Nützliches mit ihr erleben. Alles, was unter dem Stichwort „Digitaltechnik" läuft, hat mit der Quantenmechanik zu tun: also Computer, CDs und DVDs, MP-3-Player usw. Wir benutzen sie, weil wir der Quantenmechanik „glauben". Und ihre Wirklichkeit entsteht nicht erst dadurch, dass wir an sie glauben! Vielmehre greift unser Glaube auf eine bestehende Wirklichkeit zu. Also nicht: Weil wir es uns genug einbilden, erleben wir auch irgendwas, kommt irgendeine Halluzination oder ein Placebo-Effekt

[64] http://www.theologie-naturwissenschaften.de/fileadmin/user_upload/Losch_RezeptionMichaelPolanyis.pdf

zustande.- Sollte das beim Schöpfer anders sein, wenn es schon bei einigen seiner Geschöpfe so ist, dass wir nicht alles verstehen müssen, um glauben zu können und erfahren zu können, dass der Glaube in der Lebenspraxis trägt? Beim Glauben an Jesus, den Auferstandenen, ist es genauso. Weil er lebt, erleben wir ihn, wenn wir an ihn glauben. Und manchmal sogar, obwohl wir (noch) nicht an ihn glauben.

„Jedermann" sollte nicht leichtgläubig sein

An die Eigenintelligenz der Materie und die wunderbare Schöpferkraft des Zufalls kann ich allerdings nicht glauben. Und muss es auch nicht! Wie ich überhaupt versuche, zu glauben und doch nicht leichtgläubig zu sein. Und man sollte selbst bei neuen „wissenschaftlichen Entdeckungen" nicht zu schnell jubeln und alles glauben, sondern das Urteil der Fachwelt abwarten. So erwies sich z.B. ein angeblich neu entdecktes Elementarteilchen als „Flopp", als voreilige Deutung von Messwerten. *„Die neuen Daten haben gezeigt, dass es sich bei den Hinweisen auf die neuen Elementarteilchen nur um statistische Schwankungen gehandelt hat die verschwanden, als mehr Informationen gesammelt werden konnten. Das war zwar nie auszuschließen, aber die Physiker scheinen doch damit gerechnet zu haben, dass sich am Ende die Hinweise zu einem echten Nachweis entwickeln. Immerhin gab es mehr als 500 Fachartikel, die schon über die Eigenschaften dieser neuen Teilchen spekulierten (das Ding hatte sogar eine eigene Wikipedia-Seite). Jetzt steht man wieder da, wo man auch schon früher war."*[65]

Beispiel "Urknallsingularität"

Und wie ist es bei „gut etablierten Theorien"? Man kann sich daran halten, solange sie nicht durch bessere oder vollständigere ersetzt sind. Man sollte aber immer auch schon zwischen Theorien mit oder ohne beweisbaren Wahrheitskern unterscheiden. (Die Unterscheidung zwischen dem „harten Kern" und dem Schutzgürtel von Hilfshypothesen bei *Imre Lakatos* ist sehr hilfreich, um nicht gleich das Kind mit dem Bade auszuschütten.) - Ein klassisches Beispiel für eine kernlose Theorie und bloßes Wunschdenken ist die *Urknallsingularität*. Wichtige Einzelbeobachtungen der Astrophysik sind die Rotverschiebung, die Verteilung von Wasserstoff und Helium im Universum und die kosmische Hintergrundstrahlung.

Aber bevor wir auf diese vermeintlichen „Fossilien" des Urknalls zu sprechen kommen, eine ganz grundsätzliche Feststellung: Nach Poppers Falsifizierungskonzept kann eine Hypothese oder Theorie *„nur dann als naturwissenschaftlich gelten, wenn sie (wenigstens im Prinzip)*

---

[65] http://scienceblogs.de/astrodicticum-simplex/2016/08/09/nichts-entdeckt-keine-neuen-elementarteilchen-am-cern/

experimentell oder durch Beobachtung falsifizierbar ist. Ist sie das nicht, gehört sie auch nicht in den naturwissenschaftlichen Bereich. Im Falle des Urknalls ergibt sich...sofort, dass die Urknallhypothese prinzipiell nicht falsifizierbar ist, wodurch es - wohin auch immer -jedenfalls nicht in den naturwissenschaftlichen Bereich gehört." (Erwin Kohaut) Sie gehört also – und darüber kann man sich streiten – entweder in den Bereich der Naturphilosophie oder des Mythos.

Doch zu den vermeintlichen Überbleibseln und Beweisen des Urknalls! Häufig wird die „Expansion des Universums" als sicheres Faktum angegeben. Professor Herbert Pietschmann schrieb mir dazu in einer Mail, dass *„ leider von vielen meiner Kollegen immer wieder fälschlicherweise verbreitet wird, dass nämlich die Expansion des Universums eine Beobachtungstatsache ist. Niemand kann das beobachten! Beobachtet wird die Rotverschiebung der Spektrallinien. Nun kann diese Beobachtung auf verschiedene Weise interpretiert werden. Nur unter der ANNAHME, dass sie als Doppler-Effekt interpretiert werden soll, entsteht daraus die Expansion. Es gibt auch andere Möglichkeiten der Interpretation (z.B. nicht zeitlich konstante Elektronmasse), die Interpretation als Doppler-Effekt ist zwar die von den meisten akzeptierte, bleibt aber dennoch eine Mehrheitsentscheidung und kein physikalisches Ergebnis."* – Und auch wenn die Expansion des Universums stattfindet, ist ja noch nicht gesagt, wie sie begonnen hat.

Die Urknalltheorie als Schlussfolgerung aus Rotverschiebung, Verteilung von Wasserstoff und Helium im Universum und die kosmischer Hintergrundstrahlung halte ich für den armseligen Versuch, unsere Unwissenheit in einen „Punkt" hinein zu verlagern und sie damit zu kaschieren. Wird doch behauptet: *„Zu diesem Zeitpunkt waren all die Galaxien, die wir heute um uns herum am Himmel sehen, in einer Raumregion mit dem Volumen Null zusammengepresst - sie befanden sich alle an ein und demselben Raumpunkt. Da Dichte definiert ist als Masse geteilt durch Volumen entspricht dies einer unendlich großen Dichte. In Einsteins Theorie verzerrt Materie die Geometrie von Raum und Zeit, und die Krümmung der Raumzeit war zu diesem Zeitpunkt ebenfalls unendlich groß. Im Rahmen der einfachen kosmologischen Modelle der Allgemeinen Relativitätstheorie gibt es keine Möglichkeit, über diesen Zeitpunkt hinaus weiter in die Vergangenheit zu gehen - er stellt so etwas wie eine zeitliche Grenze des Universums dar. Solche Zeitgrenzen (oder, allgemeiner, Raumzeitgrenzen) heißen Singularitäten."*[66] - So besonders logisch ist es nicht, dass aus einem „Punkt" in einem Zustand ohne unsere

[66] http://www.einstein-online.info/vertiefung/DoppelterUrknall/?set_language=de

physikalischen Gesetze plötzlich die Welt mit ihren physikalischen Gesetze entstanden sein soll. Und dabei ist ja selbst der „Punkt" nur eine Metapher, denn Raum und Zeit werden als nicht vorhanden gedacht. *Herbert Pietschmann* und *Gerhard Schwarz* sagen im Namen der philosophisch-naturwissenschaftlichen Arbeitsgemeinschaft an der Universität Wien: *„Wir sind nicht die einzigen, die die Urknall-Theorie näher am Mythos als an der Naturwissenschaft sehen..."*[67] *Robert B. Laughlin*, Nobelpreisträger für Physik, sieht die Urknallhypothese als *„quasireligiös"* und *„nichts als Marketing"*.[68] Und auch Theorien wie *„Schon vorher gab es ein Universum, in dem Prozesse wie der Kollaps von Raum zu der Urknall-Verdichtung führten"*[69] verschieben das Problem nur „ein wenig" nach hinten und lösen es in keinster Weise. Im Gegenteil: diese Theorie stützt sich auf die „Schleifen-Quantengravitation", die gegenwärtig nichts als ein schöner Traum ist; sie nimmt ein sich in einem Nullpunkt umstülpendes Universums an und rechnet mit der Ewigkeit des Universums.[70]

Das Universum gibt schlicht und einfach auf rein naturwissenschaftlichem Wege keine Antwort auf die Frage nach seinem allerersten Anfang. Gilt in der Naturwissenschaft doch lediglich das als bewiesen, was im Experiment rekapituliert werden kann. Die Anfänge des Kosmos oder des Lebens aber lassen sich schon aus rein zeitlichen Gründen nicht im Labor wiederholen. Und die heutigen „Indizien" sind deutungsoffen.

Sprechen aber nicht die „Indizien" doch stark für den Urknall? Ist nicht die kosmische Hintergrundstrahlung, die das gesamte uns zugängliche Universum überall erfüllt, wie das Nachglühen des Urknalls? Ist da nicht das Licht des Urknalls zur überall verbleibenden Wärme geworden? Und sind nicht die winzigen Schwankungen der Hintergrundstrahlung eine Erinnerung an die Entstehung des Größten aus dem Kleinsten: an das typische Muster einer Quantenfluktuation mit ihrem Zittern der Energie? – Eine andere Deutungen der kosmischen Hintergrundstrahlung ist nicht weniger plausibel: Wenn Gottes als erstes Schöpfungswort spricht „Es

---

[67] Siehe dazu: Herbert Pietschmann und Gerhard Schwarz Mythos Urknall: Ein interdisziplinäres Gespräch, Wien 2013

[68] Siehe dazu: Robert B. Laughlin: Abschied von der Weltformel. Die Neuerfindung der Physik, München 2007

[69] http://www.focus.de/wissen/weltraum/gute-frage-wie-ist-der-urknall-entstanden_aid_511235.html

[70] http://www.einstein-online.info/vertiefung/UrknallSprung

werde Licht!", dann erfüllt dieses „Ur-Licht" den Kosmos bis heute als Wärme.

Und dass die großen und die kleinen Werke des gleichen „Designers" manche gemeinsamen Eigenschaften haben können, macht es verständlich, dass im gesamten uns zugänglichen Weltalle die gleichen Eigenschaften herrschen – und es die gleichen geheimnisvollen Energieschwankungen im ganz Großen wie im ganz Kleinen gibt.

Schöpfung und Urknall schließen sich freilich nicht grundsätzlich aus. Der Schöpfer könnte ja den „Logos" mit seinem gesamten Weltprogramm auch in einen solchen „Nicht-Punkt" einprogrammiert haben. Das wäre dann aber auch das umständlichste Verfahren überhaupt: alles zuerst in quasi NICHTS zusammenzupacken und es sich dann in Milliarden von Jahren wieder selbst entpacken zu lassen, wo man es doch eigentlich von Anfang an „entpackt" haben will! Wenn dieser so widersinnige Urknall Gottes Schöpfungsprinzip gewesen wäre, würde die ganze Welt eher das Siegel der Unvernunft tragen. Tut sie aber offensichtlich nicht!

Zu den „geschwärzten Stellen" im Buch der Natur, die wir auf naturwissenschaftlichen Wegen nie werden erforschen können, gehört der allererste Anfang. Allerdings kann ihn uns der Schöpfer selbst offenbaren! Mit seinem uns offenbarten Schöpfungswort „Es werde Licht!" kann ich hinsichtlich des Ursprungs und des Uranfangs weit mehr anfangen als mit einem ominösen Punkt mit lauter unendlichen Eigenschaften. Der Urknall als ein quasireligiöser Glaube besitzt zudem keinerlei tröstlichen Gehalt, ist neben fragwürdiger Wissenschaft auch noch miserable Religion. Ich jedenfalls halte den Urknall nicht für Licht über den Anfang, sondern für einen Verlegenheits-Mythos. Wirkliches Licht empfinde ich beim Hören von Gottes Wort: „Es werde Licht!"

Die Schöpfung aus dem Nichts durch das Wort Gottes hat den unendlich großen Vorzug, dass dabei Geist und Intelligenz am Anfang stehen. Und nun leben und denken wir in einer Welt, in der wir unsere Intelligenz auch dazu gebrauchen sollten, den Gedanken der informationslos entstandenen Information, einer geistlos entstandenen Geistigkeit und einer intelligenzlos entstandenen Intelligenz ins Reich der schlechten Märchen zu verbannen. Ich halte die Urknalltheorie für eine Verweigerung, die grundsätzliche wissenschaftliche Unzugänglichkeit des Weltanfangs anzuerkennen, für eine Verlagerung unserer Unwissenheit über den Weltanfang in einen imaginären Punkt hinein. Der Urknall als ein quasireligiöser Glaube besitzt zudem keinerlei tröstlichen Gehalt, ist neben fragwürdiger Wissenschaft auch noch miserable Religion.

Die Hoffnung auf die Entsorgung der Theorie von der Urknallsingularität zeichnet sich am wissenschaftlichen Horizont zwar ab. *„Auch wenn einige Kosmologen kein Problem mit der Annahme haben, unser Universum habe mit einer Singularität begonnen, sind doch die allermeisten davon überzeugt, dass die Urknallsingularität ein Artefakt ist, das verschwinden wird, wenn wir denn erst einmal über eine hinreichend weit entwickelte Theorie der Quantengravitation verfügen. Was an die Stelle der Singularität tritt, das kann heute noch niemand mit Sicherheit sagen."*[71] Nur ist auch die Hoffnung einer „hinreichend weit entwickelte Theorie der Quantengravitation" m.E. keine realistische Hoffnung, sondern ebenfalls nicht mehr als ein schöner Traum. Auf das Thema der Quantengravitation bzw. der „Weltformel" müssten wir aber an anderer Stelle eingehen. In unserem Zusammenhang wollen wir festhalten, dass die Urknallsingularität in keinster Weise das hohe Niveau der „Wahrheit" erreicht…Und so besonders schön finde ich sie auch nicht.

Sich gut informieren und gut leben "aus Glauben" und "aus zweiter Hand".

Durch gute Bücher und das Internet kann man sich als einer, der im Blick auf die moderne Physik nur „aus zweiter Hand" lebt und kritisch genug liest, gut informieren. Was man dann glaubt, weil es überzeugend und sinnvoll ist, kann man ja auswählen.

Und es gibt eine interessante Parallele zwischen dem christlichen Glauben und der modernen Naturwissenschaft: die allermeisten Menschen waren und sind auf die „früheren Zeugen" bzw. „heutigen Experten" angewiesen – und können damit doch trotz des Lebens „aus zweiter Hand" sehr gut leben. Sie müssen nur nach dem Ausschau halten, was bewährt und seriösen ist, und dann (so weit möglich) selbst ausprobieren, was im eigenen Denken und Leben trägt.

Die Gefahr der "Echokammern" der neuen Medien

Eine kleines Achtungszeichen soll allerdings noch aufgerichtet werden: Die innere Struktur der neuen Medien mit ihren sachlichen und persönlichen Filterfunktionen macht eine gute und vielseitige Recherche nicht immer leicht. Die neuen Medien bringen nicht nur eine unerschöpfliche Informationsflut zu uns. Wer sich in ihnen bewegt, wird in gewisser Weise auch beeinflusst und gesteuert. Sein Interessen- oder Fachgebiet und sogar seine eigene Meinung zu bestimmten Fragen begegnen ihm mit der Zeit immer häufiger. Und weil wir alle die Bestätigung mehr lieben als die Korrektur, fühlen wir uns ganz wohl in der „Echokammer"…und verpassen

[71] http://www.einstein-online.info/vertiefung/DoppelterUrknall/?set_language=de

den konstruktiven Wettstreit. Wenn man das aber weiß, kann man etwas dagegen tun.

Die Botschaft der Axiome im Telegrammstil

Die gute Botschaft der Axiome heißt: „Jedermann" kann glauben. Allerdings sollte sich „ Jedermann" gut überlegen, wo und wie er sich informiert. Und was er glaubt, weil es wert ist, geglaubt zu werden!

5. Die Botschaft der Möglichkeiten und Grenzen: Selbstachtung und Bescheidenheit

Wenn wir uns mit Axiomen der Wissenschaft befasst haben, dann war das schon Wissenschaftstheorie. Damit soll es jetzt auch weitergehen, speziell unter der Frage nach den Möglichkeiten und Grenzen der Forschung. Es ist eine gemeinsame Botschaft von Physik, Wissenschaftstheorie und Anthropologie:

Technik, die mehr als nur begeistert

Ohne Teleskop wüssten wir vieles über das Universum nicht, ohne Elektronenmikroskop und Teilchenbeschleuniger wären Atom und Quantenwelt unerforschbar. Naturwissenschaft entdeckt vieles durch technische Möglichkeiten; die neuen technischen Möglichkeiten verdanken sich umgekehrt naturwissenschaftlicher Forschung. Und es gibt Technik, die mehr als nur begeistert: sie lässt uns staunen! Die „Riesen" der Teleskope und Teilchenbeschleuniger sind Anlass zum Staunen über sie – und über die Größe der Fähigkeiten, die Gott in den kleinen Menschen gelegt hat!

Die staunenswerte Technik hilft dann beim Entdecken und Staunen über die Welt. Nachdem wir oben manches aus der Quantenwelt bestaunt haben (z.B. dass sich zwischen Ihrem Gesicht und dem Text, den Sie eben lesen, sich viele Milliarden Photonen in Lichtgeschwindigkeit bewegen), hier einiges zur großen Welt der Galaxien:

- Von der „Welt" als Universum mit ihren 100 Milliarden Galaxien (so *Stephen Hawking*) können wir heute theoretisch mit unserer Technik bereits über 50 Milliarden beobachte. Allein unsere Milchstraße (eine von den 100 Milliarden!) besitzt etwa 300 Milliarden Sterne (Sonnen) und einen Durchmesser von etwa 100.000 Lichtjahren.
- Im Jahre 2002 wurde in ca. 20.000 Lichtjahren Entfernung und damit am Rand unserer Milchstraße ein neuer Stern (V838 Monocerotis) beobachtet, der über 1500 Mal so groß ist wie unsere Sonne und der zeitweise die millionenfache Leuchtkraft der Sonne erreicht.

- Mit dem Hubble-Space-Teleskop konnte in der gigantischen Entfernung von ca. 45 Millionen Lichtjahren einiges von der Kollision der Antennen-Galaxien NGC4038 und 4039 aufgenommen werden. Bei dieser Kollision entstanden Milliarden neuer Sterne.
- Und beim bisher wohl tiefsten Blick ins Weltall konnte sogar die Galaxie HUDF-JD2 – sie ist achtmal größer als unsere Milchstraße - in einer Entfernung von etwa 12,8 Mrd. Lichtjahre beobachtet und fotografiert werden.

Eine kleine Vorstellungshilfe für das Unvorstellbare

Ich habe einmal ausgerechnet, wie weit die Sonne, die unserer Sonne am nächsten ist, in einem anschaulichen Vergleich von uns entfernt wäre. Proxima Centauri ist diese uns nächste Sonne (und trägt dieses Merkmal auch im Namen: lat. proxima = Nächstgelegene) und ist 4,2421 Lichtjahre entfernt. Stelle man sich nun unsere Sonne mit ihrem gewaltigen Durchmesser von 1,4 Millionen Kilometern als Kinderball von nur 20 cm Durchmesser vor – und der Ball liegt in Berlin –, dann befände sich unser „Miniatur-Proxima Centauri“ in etwa 5.700 Kilometern Entfernung. Das wäre von Berlin aus gerechnet ziemlich genau die Strecke bis nach Dew Delhi. Da Proxima Centauri jedoch nur einen Durchmesser von etwa 200.000 km besitzt, also ein Siebtel des Durchmessers unserer Sonne, wäre diese nächste Sonne nur eine Walnuss mit ca. 3 cm Durchmesser. Ein Ball in Berlin, eine Walnuss in Delhi, das ist die Konstellation zwischen den beiden Sonnen! Und ihr Abstand beträgt ja „nur“ ca. 4,2 Lichtjahre – geradezu eine „Kleinigkeit“ im Vergleich zu den Milliarden Lichtjahren, von denen wir eben im Zusammenhang der technischen Möglichkeiten geredet haben. Und eben doch eine so riesige Entfernung!
Was ist nun aber dazwischen – zwischen den Sonnen, zwischen den Galaxien, zu denen sie gehören? Nichts! Oder besser: so gut wie nichts, denn eine paar Planeten kreisen ja z.B. um unsere Sonne und mindestens einer um Proxima Centauri ist mit hoher Wahrscheinlichkeit nachgewiesen. Aber die alle können wir in unserem Vergleich vernachlässigen. Sie sind alle noch kleiner als die „Proxima Centauri-Walnuss“. Jupiter wäre mit seinen 139.822 Kilometern Durchmesser immerhin noch eine kleinere Walnuss; die Erde mit ihren 12.742 Kilometern Durchmesser aber nur noch eine Stecknadelkuppe von ca. 2 Millimetern, die für den Raum bis Delhi nun wirklich unbedeutend wäre. Und noch weit mehr trifft das für die noch viel kleineren Himmelskörper zu, die sich ab und zu noch wie Staubkörner oder einzelne Atom dazwischen bewegen. Ähnlich sieht es im gesamten Universum aus. So paradox es klingen mag: das Allermeiste ist Nichts. Nur deshalb aber können wir die Pracht des Sternenhimmels sogar mit dem bloßen Auge bewundern - freilich nur vergleichsweise sehr nahe Himmelskörper, davon aber immerhin ca. 6.500. Und nur deshalb können wir dank der großen Teleskope inzwischen weit in die Tiefen des Weltalls

hineinschauen und haben nicht ständig Himmelskörper vor uns, die den „Durch-Blick“ stören.

Und doch stimmt es wiederum auch nicht, dass das Allüberweigende einfach Nichts ist. Es wimmelt nämlich überall an Photonen, wie wir bereits gehört haben: „Die kosmische Hintergrundstrahlung füllt jeden Kubikzentimeter des heutigen Kosmos mit recht genau 411 Photonen.“[72] Also fast Nichts und Gewimmel zugleich!

Und es ist wirklich erstaunlich, was wir kleinen Menschen dank der Technik an Größe und Weite erkennen können! - Es gibt aber auch deutliche Grenzen unserer Welterkenntnis und unseres Wissens:

Subjektive und objektive Grenzen unseres Wissens

Die erste Grenze liegt in uns selbst. Unsere subjektiven Limitierungen werden jeweils durch unser persönliches und aktuelles Wissen und Verstehen markiert. Die Vielzahl neuer Forschungsergebnisse und unser je subjektiv begrenztes Wissen davon sind nie deckungsgleich. Schon *Wilhelm Busch* schrieb: *„Ach, die Welt ist so geräumig, und der Kopf ist so beschränkt."* - Die „Welt“ als Universum mit ihren 100 Milliarden Galaxien passt nicht nur im wörtlichen Sinne schlecht in unseren Kopf; wirklich „fassen“ oder „begreifen“ kann ich z.B. diese Größe auch im puren Denken nicht.

Neben den subjektiven Grenzen gibt es objektive Grenzen unseres Erkennens und Verstehens. Die Welt verbirgt sich zu einem nicht geringen Teil unserem erkennenden Zugriff. Wir wissen z.B. trotz modernster Technik nicht, wie der Kosmos aktuell aussieht, denn das Licht und damit die Bilder aus den weiten Fernen sind ja uralt.

Völlig neue Dimensionen haben sich für die moderne Naturwissenschaft durch die Entdeckung der „dunklen Materie “ und der „dunklen Energie“ aufgetan. Unsere bekannte Materie aus Atomen macht weniger als fünf Prozent der Gesamtenergie des Universums aus. Etwa 68 Prozent bestehen aus „Dunkler Energie“, einer unbekannten Energieform, die restlichen 27 Prozent aus „Dunkler Materie.“ Somit beschäftigt sich auch heute noch die Astrophysik ganz überwiegend nur mit einem Bruchteil der Materie; und das „Dunkle“ ist uns noch nahezu völlig „dunkel“!

Bereits *Heraklit von Ephesos* († um 460 v.Chr.) stellte fest: *"Die Natur liebt es sich zu verbergen."* Und die Grenzen zwischen subjektiven und objektiven Grenzen sind fließend, weil der Gegenstand ebenso

---

[72] https://www.spektrum.de/magazin/deuterium-und-der-fruehe-kosmos/823645

einleuchtend wie unfassbar sein kann. Der Physik-Nobelpreisträger *Richard Feynman* sagte über sein eigenes Spezialgebiet, die Quantenphysik: *„Wer sie verstanden hat, der hat sie nicht verstanden.*“ Feynman meinte, das Geheimnis der Quantenphysik könnten wir nicht erklären, sondern nur *„berichten, wie es funktioniert“*.

Möglichkeiten und Grenzen. Beispiel Allgemeine Relativitätstheorie

Der historische „Knaller“ der Allgemeinen Relativitätstheorie war der experimentelle Nachweis der Krümmung von Lichtstrahlen durch die Schwerkraft der Sonne. War man doch immer davon ausgegangen, Licht breite sich stets geradlinig aus. Im Jahr 1919 aber konnte *Eddington* bei einer totalen Sonnenfinsternis von Afrika aus nachweisen, dass die Sterne gegenüber der Sonne ein wenig nach außen verschoben erschienen, ihr Licht also irgendwie abgelenkt oder „verbogen“ wird. Das wiederum konnte schlüssig mit Einsteins Theorie erklärt werden, dass die Masse der Sonne als Kraft auf die Raumzeit „drückt“, dadurch eine „gekrümmte Raumzeit“ entsteht und das Licht nun nicht anders kann, als den vorgegebenen gekrümmten Bahnen des Raumes und der Zeit zu folgen. Schon vier Jahre vorher hatte Einstein das aufgrund der Theorie „prophezeit“, die wir Allgemeine Relativitätstheorie nennen. Und „erfüllte Prophetien“ sind nicht nur in der Theologie ein gutes Argument, sondern auch in der Naturwissenschaft. Was die Theologen „erfüllte Prophetie“ und die Naturwissenschaftler „prädiktive (vorhersagende) Wissenschaft “ nennen, ist neben der unmittelbaren Evidenz sogar der wahrscheinlich überzeugendste Weg überhaupt. Jedenfalls war mit der Lichtkrümmung die Krümmung der Raumzeit erweisen. Die Welt staunte und jubelte...und sogar die Chinesen öffneten sich für die europäische Wissenschaft.[73] Zudem konnte nun die Drehung der Merkurbahn erklärt und berechnet werden.

Harald Fritzsch schreibt erklärend zur Allgemeine Relativitätstheorie: *„Das Netz der Raum-Zeit wird durch die Gegenwart von gravitierenden Massen gekrümmt. Die Erde bewegt sich also nicht um die Sonne, weil die Sonne sie direkt mit ihrer Masse anzieht, sondern weil die Raum-Zeit-Struktur durch die Gegenwart der Sonne so gekrümmt wird, dass der Erde nichts anderes übrig bleibt, als der gekrümmten Raum-Zeit zu folgen. Die Ellipsenbahn der Erde um die Sonne ist damit eine natürliche Konsequenz der Verkrümmung der Raum-Zeit.“* [74] Die Ursache der Raum-

[73] Das alles ist von Herbert Pietschmann sehr schön beschrieben in: Peter Heintel/Herbert Pietschmann, Das Ganze und seine Teile – die Elemente und das Elementare, Klagenfurt 2014, S. 18ff

[74] http://universal_lexikon.deacademic.com/291169/Relativit%C3%A4tstheorie_und_die_Einheit_von_Raum_und_Zeit

ZeitKrümmung sind also die Massen oder deren Energie-Äquivalent. Ausdrücklich betont sei, dass nicht nur der Raum, sondern auch die Zeit gekrümmt wird. Als Folge dessen besteht unser Universum aus Räumen mit differenziert getakteter Zeit.

Harald Fritzsch erklärt weiter: *„Ein Phänomen, dass sich mit den Einstein'schen Gleichungen erklären lässt, sind die Schwarzen Löcher. Diese bilden sich, sofern Materie so stark verdichtet wird, dass zugleich das Gravitationsfeld sehr stark werden kann. In diesem Fall erhält man ein Gebilde, das zwar Materie und Lichtstrahlen aufsaugen kann, Letztere jedoch nicht mehr ausgestrahlt werden können. Schwarze Löcher stellen Singularitäten der Raum-Zeit dar. Ihre Masse kann variieren und beispielsweise nur wenige Sonnenmassen betragen. Möglicherweise befinden sich jedoch insbesondere in den Zentren von großen Galaxien, etwa der Milchstraße, ein oder vielleicht auch mehrere massive Schwarze Löcher, deren Masse Milliarden von Sonnenmassen beträgt. Letztere sind in der Lage, Sterne einzufangen und dabei sehr große Energiemengen abzustrahlen.“*

Ein bisschen verständlicher wurde die Allgemeine Relativitätstheorie jetzt vielleicht. Und zugleich wohl noch unvorstellbarer! Insbesondere die Krümmung der Zeit ist eine Herausforderung für unsere Vorstellungskraft. Auch ein Schwarzes Loch hinterlässt „Löcher“ in unseren Vorstellungen. Zudem hören wir von *Fritzsch* als einem ausgewiesenen Fachmann noch, dass trotz der deutlichen Grundlagen der Allgemeine Relativitätstheorie im Konkreten unlösbare Aufgaben bleiben: *„Die Wechselwirkung zwischen der Raum-Zeit-Struktur und der Materie beschreiben die Einstein'schen Gleichungen der Allgemeinen Relativitätstheorie. Mathematisch gesehen handelt es sich dabei um komplizierte Differenzialgleichungen, die nur in den einfachsten Fällen überhaupt lösbar sind. So lässt sich selbst ein vergleichsweise einfaches physikalisches System, beispielsweise die Sonne mit ihren Planeten, mit den Methoden der Allgemeinen Relativitätstheorie nicht exakt lösen. Selbst der Einsatz von Computern hilft nicht, alle physikalischen Aspekte dieses Systems befriedigend zu enträtseln. Deshalb kann es auch nicht gelingen, obwohl die zugrunde liegenden Naturgesetze bekannt sind, die künftige Entwicklung des Systems zu berechnen. Voraussagen sind also nur eingeschränkt möglich. Deutlich wird dies am Beispiel der Gravitationswellen: Im Rahmen der Allgemeinen Relativitätstheorie ist das Phänomen der Gravitation eine Folge der Verkrümmung der Raum-Zeit. Jede Bewegung von Massen führt deshalb zu Erschütterungen des Raum-Zeit-Gewebes, die sich wellenförmig und mit Lichtgeschwindigkeit wegbewegen. Solche Gravitationswellen sendet etwa* *ein Doppelsternsystem aus, also ein System aus zwei Sternen, die sich gegenseitig anziehen und sich umeinander bewegen. Diese Schwerewellen verlaufen analog den elektromagnetischen Wellen. Im Gegensatz zu den Letzteren sind die Gravitationswellen jedoch nicht linear. Dies bedeutet, dass beim Zusammentreffen zweier Gravitationswellen komplizierte Überlagerungsprozesse stattfinden, die man nur in speziellen Fällen berechnen kann."*[75] - Manches ist einfach zu komplex, um es mit mathematischer Genauigkeit erfassen zu können. Das geht übriges schon beim Wetter los. Da sind so viele Komponenten im Spiel, dass man manches zwar sehr genau vorhersagen kann, anderes aber eben nicht. Schon manchmal habe ich flunkernd zu meiner Frau gesagt: „Seit die Zeitung den Vertrag mit dem Wetter gekündigt hat, stimmt der Wetterbericht immer weniger."

Beispiel Heisenbergsche Unschärferelation

Die Heisenbergsche Unschärferelation beschreibt eine weitere Grenze der physikalischen Forschung. Sie ist ein grundlegendes Gesetz der Quantentheorie: *„Alle physikalischen Größen, die sich irgend messen lassen, bilden Paare. Wird eine der Partnergrößen mit sehr hoher Präzision gemessen, ist die andere zwangsläufig nur sehr ungenau bekannt. Beide Partnergrößen zusammen lassen sich nicht präzise bestimmen. Ein Beispiel für ein solches Paar sind der Ort und die Geschwindigkeit eines Quantenteilchens: Will man den Ort des Teilchens sehr genau messen, stört man damit seine Geschwindigkeit; misst man die Geschwindigkeit hochgenau, dann ist unklar, wo sich das Teilchen befindet."*[76]

Die Unmöglichkeit von zwei genauen Messungen erfasst Heisenberg Sicht aber noch nicht in der Tiefe. Die Natur ist in der Quantenwelt nicht etwa nur unbestimmbar, sondern unbestimmt! Die Unschärferelation ist nicht nur eine Unbestimmbarkeitsrelation, sondern Ausdruck einer „naturalen" Unbestimmtheit: Das Teilchen ist hinsichtlich seines Verhaltens nicht determiniert und besitzt einen Freiheitsgrad, der kausal nicht festgelegt ist. Und damit stoßen wir an Grenzen. Andererseits muss man sagen: Dass wir kleinen Menschen diese Eigenschaften der Quantenwelt erkennen konnten, ist Ausdruck der großartigen Möglichkeiten, die wir besitzen.

---

[75] http://universal_lexikon.deacademic.com/291169/Relativit%C3%A4tstheorie_und_die_Einheit_von_Raum_und_Zeit

[76] http://www.einstein-online.info/lexikon?search_letter=h&set_language=de#HeisenbergescheUnschaerferelation

Grenzen der Naturwissenschaft

Alle naturwissenschaftliche Erkenntnis ist *„präparierte"* Naturerkenntnis (*A.M.K. Müller*). Oder um es mit *Werner Heisenberg* noch schärfer zu sagen: *„Wir beobachten die Natur in ihrem erpressten Zustand."* Und damit ist immer nur ein Ausschnitt aus dem Gesamtbild zu sehen.

In Übereinstimmung mit *Herbert Pietschmann*[77] halte ich die Feststellung unterschiedlicher Arten von Grenzen naturwissenschaftlicher Erkenntnis für sinnvoll. Ich würde lediglich zu den drei von ihm beschriebenen Grenzarten die „naturalen Grenzen" als eigene Gruppe sehen und komme zu folgendem Bild:

a) *Technologische Grenzen*: Hypothesen können nur falsifiziert oder verifiziert werden, wenn die technischen Voraussetzungen für die entsprechenden Experimente bestehen. Diese Grenze verschiebt sich beständig und teilweise sehr rasant.
b) *Methodologische Grenzen*: In ihrer Fokussierung auf Quantität und Messbarkeit haben die Naturwissenschaften große Erfolge erzielt – und gerade damit auch ihre eigenen Grenzen festgelegt.
c) *Naturale Grenzen:* Die konkrete Beschaffenheit der Natur mit ihren Naturkonstanten zwingt uns Grenzen auf: die Lichtgeschwindigkeit markiert eine Grenze „nach oben", das Plancksche Wirkungsquantum eine „nach unten", die Heisenbergsche Unschärferelation ein Grenze der Messbarkeit von Gleichzeitigem bei einem Quantenobjekt.
d) *Ontologische Grenzen*: Was sich auf den Grundlagen der Logik und des Experiments nicht erschließen und beweisen lässt, fällt aus der Wahrnehmung der Naturwissenschaft heraus. Das ist Einmaliges und Individuelles (nicht reproduzierbar), Ganzheitliches (nicht analysierbar), Qualitatives (nicht messbar), Lebendiges (nicht reduzierbar und nicht widerspruchsfrei), Zielgerichtetes und Vernetztes (nicht kausal begründbar), Offenes und Buntes (nicht eindeutig), die Natur in ihrer naturbelassenen Art und schließlich „das Ganze".

Damit ist es sehr viel, was durch das „Netz" [78] des Naturwissenschaftlers schlüpft! *Barbara Drossel*, Professorin für theoretische Physik, sagt: *„Die*

---

[77] Herbert Pietschmann, Phänomenologie der Naturwissenschaft, Berlin 1996 und Wien 2007

[78] Das Bild vom Netz verdanke ich: Dürr, H.-P., Das Netz des Physikers. Naturwissenschaftliche Erkenntnis in der Verantwortung, München/ Wien 1998 ([2]2000). Es geht aber ursprünglich auf den Astrophysiker Sir Arthur Eddington (1882-1944) zurück, der erzählt: Ein Fischkundiger fängt Fische mit einem Netz und formuliert zwei Grundgesetze: 1. „Alle Fische haben Kiemen", 2. „Alle Fische sind größer als fünf Zentimeter". Da kommt der Philosoph einher und sagt: „Das zweite ist kein Gesetz. Vielmehr hat dein Netz eine Maschenweite von fünf Zentimetern." Unbeeindruckt entgegnet der Forscher: „Über das, was ich nicht fangen kann, kann ich auch nichts sagen."

Gesetze der Physik stellen ein beeindruckendes wissenschaftliches Gebäude dar, das sich vielfältig bewährt hat, aber jedes dieser Gesetze hat einen begrenzten Anwendungsbereich und ist eine Idealisierung, die nur näherungsweise zutrifft. Die Physik bietet kausale Erklärungen, indem sie die Abläufe in der Natur auf allgemeine Prinzipien zurückführt. Diese Art von Erklärung ist aber weder vollständig noch allgemeingültig, und auf Fragen nach Sinn und Ziel kann sie keine Antwort geben. So kann man keine Weltbilder aus der Physik ableiteten. Wenn man dies tut, ist dies eine unzulässige Überschreitung der Grenzen dessen, was die Physik leisten kann.“[79]

Was kann ich wissen? – Ein historischer Exkurs

Wie es sicheres Wissen gibt, so gibt es auch sicheres Nichtwissen. Platon lässt seinen Lehrer *Sokrates* (470-399 v.Chr.) in *„Des Sokrates Verteidigung“* von seiner Begegnung mit den Staatsmännern, Dichtern und Handwerkern erzählen, die sich allesamt aufgrund ihrer jeweiligen Kunst für sehr weise hielten. Sich ihrer fälschlichen Anmaßung und seiner eigenen Grenzen bewusst, sagt Sokrates dann: „Denn von mir selbst wusste ich, dass ich gar nichts weiß, um es geradeheraus zu sagen…“ Einer der gebildetsten Menschen aller Zeiten war *Nicolaus von Cues* (1401 – 1464). Er verfasste eine - von vielfältigem Wissen strotzende Schrift unter dem Titel *„Von der Wissenschaft des Nichtwissens“*, in der er die Aussage des Sokrates noch vertiefte. Darin schreibt er im 1. Kapitel des 1. Buches:

„Indessen eine präzise Kombination im Körperlichen und eine kongruente Anreihung des Unbekannten an das Bekannte geht über den menschlichen Verstand, weshalb Sokrates meinte, er wisse nichts, außer daß er nichts wisse. Der weise Salomo sagte, alle Dinge seien schwierig und nicht durch Worte zu erklären. Und ein anderer Mann voll des göttlichen Geistes sagt, verborgen sei die Weisheit und die Stätte der Erkenntnis vor den Augen aller Lebenden. Wenn dem so ist, wie auch der tiefdringende Aristoteles in seiner »ersten Philosophie« sagt, daß selbst in den von Natur ganz unbekannten Dingen uns dieselben Schwierigkeiten begegnen, wie der Eule, wenn sie die Sonne sehen will, so geht offenbar, da der Erkenntnistrieb nicht umsonst in uns ist, unser Verlangen dahin, zu wissen, daß wir nichts wissen. Bringen wir dieses Verlangen zur Vollendung, so erlangen wir die Wissenschaft des Nichtwissens (doctam ignorantiam). Auch der Wissbegierigste kann es in seiner Bildung zu keiner höhern Vollkommenheit bringen, als wenn er über die Unwissenheit, die dem Menschen eigen ist, recht unterrichtet erfunden wird (in ipsa ignorantia doctissimum reperiri). Zu dem Ende habe ich mir die Mühe genommen, über eben diese Wissenschaft des Nichtwissens Einiges zu schreiben.“

---

[79] http://eco.fkp.physik.tu-darmstadt.de/drossel/euw/euw_physik.pdf

Isaac Newton sagte- und man kann es auf das Noch-nicht-Erforschte wie auf das Unerforschbare beziehen: *„Was wir wissen, ist ein Tropfen, was wir nicht wissen, ein Ozean."* Und *Immanuel Kant* sagt in seiner *„Kritik der reinen Vernunft": „Alles Interesse meiner Vernunft (das spekulative sowohl, als das praktische) vereinigt sich in folgenden drei Fragen: 1. Was kann ich wissen? 2. Was soll ich tun? 3. Was darf ich hoffen?"* Und diese drei wiederum münden für ihn in die zusammenfassende vierte Frage: *Was ist der Mensch?* Diese Frage *Was kann ich wissen?*

Diese grundlegende Frage *„Was kann ich wissen?"* wird mittlerweile auch von der einst so grenzenlos optimistischen Wissenschaft im Blick auf ihre eigenen Grenzen gestellt. *„An den Grenzen des Wissens"* etwa behandelt mit Beiträgen aus Philosophie, Wissenschaftsgeschichte und -theorie, Astronomie, Physik, mathematischer Logik, Biologie, Medizin und Theologie Grenzen des naturwissenschaftlichen Wissens und der prinzipiellen Begrenztheit menschlichen Wissens. [80] Und schon vor mehr als 25 Jahren wurde das Thema in *„Die Grenzen der Wissenschaft"* verhandelt.[81] Nicht Weniges können wir grundsätzlich nicht wissen. Das wenigstens wissen wir mit Gewissheit. Und gewiss gibt es inzwischen auch keinen Mangel an Büchern darüber![82]

Und in gewisser Weise werden wir – subjektiv gesehen- sogar täglich dümmer, denn proportional zum Wissen der Menschheit, das sich etwa aller 5 Jahre verdoppeln soll, weiß der Einzelne immer weniger. Übrigens: die Behauptung, dass sich das Wissen der Menschheit aller fünf Jahre verdoppele, mag man in dieser Genauigkeit glauben oder auch nicht. Andere sprechen von 5-7 oder 5-12 Jahren. Um 1800 soll nach der Meinung der einen die Zeitdauer der Verdopplung des Wissens der Menschheit noch 100 Jahre betragen haben. Nach *Derek de Solla Price* verdoppelt sich das Wissen hingegen schon seit der Mitte des 17.

---

[80] Walde, Peter/ Franta Kraus (Hrsg.): An den Grenzen des Wissens, Zürich 2007.

[81] Rescher, Nicholas: Die Grenzen der Wissenschaft, Stuttgart, 1984.

[82] Barrow, John D.: Die Entdeckung des Unmöglichen. Forschung an den Grenzen des Wissens, Heidelberg/Berlin 2001; Hattrup, Dieter: Einstein und der würfelnde Gott: An den Grenzen des Wissens in Naturwissenschaft und Theologie, Freiburg i. Br. 2001; Horgan, John: An den Grenzen des Wissens: Siegeszug und Dilemma der Naturwissenschaften, München 1997; Rescher, Nicholas: Die Grenzen der Wissenschaft, Stuttgart, 1984; Schlageter, Wolfgang: Wissen im Sinne der Wissenschaften: Exaktes Wissen, Empirisches Wissen, Grenzen des Wissens, Frankfurt 2013; Walde, Peter/ Franta Kraus (Hrsg.): An den Grenzen des Wissens, Zürich 2007; Wengenroth, Ulrich (Hrsg.): Grenzen des Wissens - Wissen um Grenzen, Weilerswist 2012

Jahrhunderts ungefähr aller 15 Jahre.[83] *Franz Stuhlhofer* hingegen meint aufgrund der Zählung wichtiger Entdeckungen und der Anzahl von Wissenschaftlern und Lehrbüchern, unser Wissen verdoppelt sich auch jetzt nur aller 100 Jahre.[84] Es kommt offenbar sehr darauf an, welche Kriterien man als Berechnungsgrundlage nimmt. Die grobe Zielrichtung der Aussage der Wissensverdoppelung in 5 Jahren stimmt aber mit Gewissheit: Wir schwimmen in einem ständig wachsenden Meer an Informationen, dessen Menge vom Einzelnen nur sehr auswahlweise aufgenommen werden kann. Und „Informiert sein" im flachen Sinne der Neuzeit ist nicht notwendigerweise schon sinnvolles oder gar anwendungsbereites Wissen.

Möglichkeiten und Grenzen...und die Größe des kleinen Menschen

Obwohl die Wirklichkeit so groß und komplex ist, können wir kleinen Menschen vieles erforschen und verstehen – von den Quarks bis zu den Galaxien. Es ist erstaunlich, dass Einstein als „kleiner Mensch" für den gesamten Kosmos die Äquivalenz von Energie und Masse erkennen und in die ebenso kurze wie gewaltige Formel $E=mc^2$ gießen konnte!

Und zugleich ist alles so groß und komplex, dass wir es nur in Ansätzen erforschen und erfassen können. Damit kommen nicht nur zwei Seiten der Wissenschaft, sondern zugleich zwei Seiten von uns selbst in den Blick. Ein chassidisches Sprichwort drückt das sehr schön aus: *„Wir brauchen einen Mantel mit zwei Taschen. In der einen befindet sich Staub, in der anderen Gott. Ein solcher Mantel mit zwei Taschen erinnert uns, wer wir sind."*

Großartig ist der Kontrast dieser „beiden Taschen" im Psalm 8 ausgedrückt: *Wenn ich sehe die Himmel, deiner Finger Werk, den Mond und die Sterne, die du bereitet hast: was ist der Mensch, dass du seiner gedenkst, und des Menschenkind, dass du sich seiner annimmst? Du hast ihn wenig niedriger gemacht als Gott, mit Ehre und Schmuck hast du ihn gekrönt.* (Psalm 8,3-5) – Welch ein Staunen über die Kleinheit und Begrenztheit des Menschen im Kosmos und über seine innere Größe als Ebenbild Gottes zugleich!

Wichtig ist diese Komplementarität in der Sicht des Menschen nicht zuletzt für die Frage nach einer Art von Grenzen der Forschung, die oben nicht genannt wurde: die ethischen Grenzen! Die Selbstbescheidung des Menschen, d.h. dass er nicht maßlos und anmaßend wird und aus

[83] De Solla Price, Derek J.: Little Science, Big Science, Frankfurt am Main 1974

[84] Stuhlhofer, Franz: Unser Wissen verdoppelt sich alle 100 Jahre (Berichte zur Wissenschaftsgeschichte 6), 169-193 (1983).

Verantwortung für die Umwelt und für sich selbst auch auf Forschungsprojekte verzichtet, hängt auch mit seinem Selbstbild zusammen.

Die Botschaft der Möglichkeiten und Grenzen im Telegrammstil

...ist eine gemeinsame Botschaft der Physik, der Wissenschaftstheorie und der Anthropologie. Sie lässt sich unter dem großen Stichwort „Komplementarität" zusammenfassen. Die zusammengehörigen Gegensätze von wissenschaftlichen Möglichkeiten und Grenzen, von alternativen Beobachtungen am gleichen Gegenstand, die Existenz von „Welten" mit gegensätzlichen Eigenschaften und das Selbstverständnis des Menschen im Gegensatz von hoher Selbstachtung und tiefer Bescheidenheit: das alles lässt sich komplementär verstehen. Und es lässt sich doch nur teilweise und teils gar nicht wirklich verstehen, womit auch das Verstehen selbst als komplementär erscheint.

6. Die Botschaft der Welt als „Ganzes": Gemeinsame Symphonie vieler Melodien und vieler Stimmen

Das „Ganze" ist traditionellerweise der Forschungsgegenstand der Metaphysik; genauer: der allgemeinen Metaphysik, die seit dem 17. Jh. auch als Ontologie bezeichnet wurde. Es geht dabei um das Sein als Seiendes, nicht nur um konkrete Gegenstände (Entitäten) des Seienden. War man früher der Meinung, dazu könne nur rein gedanklich geforscht und gefolgert werden, sieht man heute durchaus Verknüpfungen zur konkreten Erfahrung, zur empirischen Forschung. Freilich ist Erfassen des „Ganzen" eine Grenze der Naturwissenschaft. Das Ganze, die Wirklichkeit in ihrer gesamten Komplexität, schlüpft grundsätzlich durch das „Netz" der Naturwissenschaft. Es lassen sich auf wissenschaftlichen Wegen immer nur bestimmte Aspekte von ihr erfassen. Das Ganze bleibt der Naturwissenschaft so unzugänglich wie der „Stein der Weisen" (in dem einige auch den Traum vom Ganzen symbolisiert sehen). Und doch gibt es „Gucklöcher der Metaphysik", wie Karl Jaspers es nannte.

Das Ganze als Ahnung in unserer normalen Welterfahrung

Der römische Philosophenkaiser *Marc Aurel* (121-180 n.Chr.) sagt in seinen *Selbstbetrachtungen: „Alles ist wie durch ein heiliges Band miteinander verflochten! Nahezu nichts ist fremd. Eines schließt sich ja dem anderen an und schmückt, mit ihm vereinigt, dieselbe Welt. Aus allem zusammen ist eine Welt vorhanden..."* Und der niederländische Schriftsteller *Cees Nooteboom* schreibt: *„Die Welt ist ein einziger unaufhörlicher Querverweis."* Und das ist nicht nur die vage Spekulation eines Philosophen oder die Phantasie eines Schriftstellers. Wir alle empfinden immer wieder die vielfältigen Zusammenhänge und damit einen Zipfel des Ganzen.

Das Ganze als Ahnung in der Physik (und Biologie)

Und auch in den Naturwissenschaften legt es sich als Summe vieler Erkenntnisse nahe: die Ganzheit bzw. das Ganze. Es leuchtet sozusagen als „Sammelerfahrungen" durch die Menge der Einzelergebnisse hindurch:

- In der Quantentheorie zeigte sich immer wieder, dass das Ganze mehr als die Summe seiner Teile ist und dass das Einzelne ohne das Ganze gar nicht bestünde. *Thomas Görnitz* sprach vom additiven Charakter der klassischen Physik im Vergleich zum multiplikativen Charakter der Quantenphysik: *„Diese additive Struktur zeichnet grundlegend die klassische Mechanik aus: Mehrere Objekte werden dadurch beschrieben, daß die Anzahl der Parameter für die Beschreibungen eines jeden einzelnen addiert werden - und umgekehrt. Hier ist das Ganze tatsächlich nichts weiter als die Summe seiner Teile. Wenn die Teile erfaßt sind, dann genügt dies, um auch das gesamte System zu beschreiben - und umgekehrt."* Er spricht auch von einer *„Physik der Beziehungen"* und von einer *„holistischen Struktur"*.
- Auch die Relativitätstheorie ist mit ihrem „Raum-Zeit-Kontinuum" holistisch. Die drei Dimensionen des Raumes und die vierte Dimension der Zeit wurden in ihrer gegenseitigen Beeinflussung und untrennbaren Verflechtung deutlich.
- *Werner Heisenberg* sprach von der *„Einfachheit und Geschlossenheit der Zusammenhänge, die die Natur auf einmal vor einem ausbreitet und auf die man so gar nicht vorbereitet war."*[85]
- *C. F. v. Weizsäcker* sagt: *„Der Zustand eines Ganzen ist oft quantentheoretisch nur möglich, weil er nicht als direktes Produkt von Zuständen der Teile beschreiben werden kann, in die das Ganze nur zerlegt werden kann, indem man es zerstört. Die Stabilität der Atome, die Elektrizitätsleitung der Metalle, extrem die Supraleitung, sind anorganische Beispiele. Lebensvorgänge, Bewußtseinsvorgänge, Vorgänge im Weltganzen könnten dieselbe Eigenschaft haben."*
- *Eckart Löhr* schließlich schreibt in einer Rezension zu Hans-Peter Dürr „Das Lebende lebendiger werden lassen. Wie wir die Krisen der Zeit überwinden können"[86]: *„Seit Galileo Galilei und Francis Bacon*

---

[85] Heisenberg, Werner: Der Teil und das Ganz. Gespräche im Umkreis der Atomphysik, München 1973, S. 86

[86] Hans-Peter Dürr, Das Lebende lebendiger werden lassen. Wie wir die Krisen der Zeit überwinden können, München 2011.

glauben wir, Erkenntnisse über die Natur nur dadurch gewinnen zu können, indem wir sie in immer kleinere Teile zerlegen und untersuchen, um sie anschließend wieder zusammen zu setzen. Dieses Vorgehen mag für unbelebte materielle Strukturen vielleicht noch sinnvoll sein. Spätestens bei der Beschäftigung mit Lebendigem wird aber klar, dass die analytische Methode schnell an ihre Grenzen stößt, da das Leben sich gerade dadurch auszeichnet, mehr als die Summe seiner Teile zu sein und „streng genommen gibt es überhaupt keine Möglichkeit, die Welt in Teile aufzuteilen, weil alles mit allem zusammenhängt".[87]

Verlust der Ganzheit: Ein Blick in die Wissenschaftsgeschichte

Wenn wir also von einer Ganzheit und Einheit der Welt reden können, dann wäre es logischerweise nötig, ihre Erforschung darauf einzustellen. Wenn wir andererseits die Vielfalt innerhalb dieser großen Ganzheit in den Blick nehmen wollen, ist Arbeitsteilung wichtig. Die wechselhafte Geschichte dieser doppelten Herausforderung soll jetzt angedeutet werden:

Die Philosophenschule des *Aristoteles* (gegründet 335/34 v. Chr.) darf als der frühe Geburtsort der Einzelwissenschaften gelten.[88] Denn dort verwandelt sich die Philosophie *„in eine universale wissenschaftliche Bestandsaufnahme und Erklärung dessen, was es gibt"* (*Olof Gigon*) und wird dazu in einzelne Forschungsgebiete gegliedert. Sie wird zugleich klaren methodischen und logischen Regeln unterworfen – regiert durch den Satz vom ausgeschlossenen Widerspruch. In den sechs Büchern des (später von anderen zusammengestellten) *„Organon"* hat Aristoteles diese Regeln dargestellt. Die geistige Revolution, die sich da am Ende des 4. vorchristlichen Jahrhunderts im Peripatos des Aristoteles und seines Nachfolgers *Theophrast* ereignet hat, ist in ihren positiven Folgen kaum zu überschätzen.[89] Der damals beginnende Prozess der Herauslösung der Einzelwissenschaften aus der Philosophie hat - über viele Etappen hin und durch viele Faktoren gefördert- zu überwältigenden Erfolgen geführt.

---

[87] http://literaturkritik.de/public/rezension.php?rez_id=16345

[88] Nach dem Ort, an dem der Unterricht stattfand, wurde sie „Peripatos" („Wandelhalle") genannt; oder auch „Lykeiaon", wie das Gelände hieß, auf dem sich diese Wandelhalle befand, in der neben anderen eben auch Aristoteles lehrte.

[89] Wie sehr die „alten Griechen" und auch Aristoteles bereits Erben einer großen und langen Entdeckungsgeschichte waren, sei hier zunächst nur angedeutet. Das einseitige und schöne Bild vom antiken Griechenland muss sich überhaupt tiefe Erschütterungen gefallen lassen, wenn man die Realität in Sparta, Athen, usw. genauer kennenlernt.

Von einer trennenden Ausgliederung der Einzelwissenschaften aus der Philosophie kann bei Aristoteles jedoch trotz aller Differenzierung keine Rede sein. „Philosophie" und „Wissenschaft" sind für ihn absolut identisch. Vielmehr bleibt sogar festzuhalten, dass Aristoteles das war, was man weit später „Holist" nennen würde: das Ganze war ihm bleibend wichtig. Häufig wird ihm der Satz „Das Ganze ist mehr als die Summe seiner Teile" zugeschrieben, was seine Meinung gut widergibt, sich aber wörtlich in seinen Werken nicht findet. In der Metaphysik, Buch VII, 17c heißt es aber z.B., *„dass das Ganzes eines ist, ist nicht nach Art eines Haufens, sondern wie die Silbe...Eine Silbe ist nicht die Summe ihrer Laute: ba ist nicht dasselbe wie b plus a..."* Die Teile werden nicht ohne das Ganze gedacht.

Und sehr lange noch kann von Ausgliederung der Einzelwissenschaften aus der Philosophie im Sinne der Abkoppelung und Verselbständigung keine Rede sein! Symptomatisch dafür ist allein schon der Sprachgebrauch. *Isaac Newton* nannte seine 1687 erscheinende Mechanik noch *„Mathematische Prinzipien der Naturphilosophie". „Der Name „Naturphilosophie" (lat. philosophia naturalis, engl. natural philosophy, franz. philosophie naturelle) wird bis ins 18. Jh. hinein synonym verwendet mit „Naturwissenschaft" [...] Der Ausdruck „Naturwissenschaft" taucht erstmals um 1700 auf."*[90] Frühe Belege für das Wort „Naturwissenschaft" finden sich bei Johann Jakob Scheuchzer ab 1703 und bei Christian Wolff 1720. Die Trennung von Naturwissenschaft und Philosophie *„vollzog sich allmählich im 18. Jahrhundert und wurde schließlich durch die Einrichtung besonderer naturwissenschaftlicher Fakultäten und damit Studiengänge und Diplome besiegelt."*[91] Gegen Ende des 19. Jh. wird aus „Naturwissenschaft" der fachspezifische Begriff „exakte Naturwissenschaften". *„Das Adjektiv drückt die beibehaltene gemeinsame Methode, der Plural die Ausfächerung aus."*[92]

Ergänzend dazu sei an eine andere Entwicklung erinnert, die wir im Zuge der Mathematisierung der Naturwissenschaften – genauer müssten wir für die damalige Zeit sagen: der Naturphilosophie – bedacht haben: es gab schon vor der begrifflichen und organisatorischen Trennung sozusagen eine innerphilosophische Trennung: in eine mathematisch geprägte Naturphilosophie und die übrige nichtmathematische Philosophie.

---

[90] Theologische Realenzyklopädie (TRE) Bd. 24, S. 118, Z. 21ff.

[91] Böhme, Gernot: Klassiker der Naturphilosophie. Von den Vorsokratikern bis zur Kopenhagener Schule, München 1989, S. 8.

[92] Theologische Realenzyklopädie (TRE) Bd. 24, S. 192, Z. 18 f.

Ein widersinniger Kulturkampf

Charles Percy Snow beschreibt in sein Werk *„Die zwei Kulturen“*[93] aus dem Jahr 1959 die große Kluft zwischen der geisteswissenschaftlich-literarischen und der naturwissenschaftlich-technischen Kultur und damit zwischen zwei soziologischen Gruppen mit ihrer verschiedenen intellektuellen Atmosphäre.

Geistes- und Naturwissenschaften haben trotz ihrer gemeinsamen Wurzel in der Philosophie eine Geschichte der Trennung und der gegenseitigen Geringschätzung hinter sich. Diese hat sich im deutschen Bildungswesen einst in der Schaffung des Gymnasiums einerseits und der Realschule andererseits niedergeschlagen - und damit in der unterschiedlichen Betonung dessen, was wahre Bildung sei.

Der Blick auf eine der Ursachen der Trennung macht deutlich, dass es dabei ziemlich „verrückt“ zuging: *Galileo Galilei* (1564-1642) läutete ein äußerst bedeutungsvolle Umformung der Naturwissenschaft durch die Aufgabenstellung, *„alles messen“* ein. Mathematik stieg damit von einer Hilfswissenschaft zum innersten Prinzip und „Rückgrat“ der Naturwissenschaft auf. Mathematik selbst ist aber keine Naturwissenschaft. Sie ist eine „Idealwissenschaft“, keine empirische „Realwissenschaft“... und damit eine Geisteswissenschaft.

Bei *Isaac Newton* (1643-1727) kann man dann die Gleichsetzung von „mathematisch“ und „wahr“ beobachten. Wesens- und letzte Warum-Fragen (z.B. nach der "Natur der Gravitation") wurden fortan aber „ausgelagert“ und an die Philosophie bzw. Theologie delegiert. Aufgrund der starken Verbindung der Naturwissenschaft mit der Mathematik - einer Geisteswissenschaft! - kündigt sich also zugleich die Trennung der Naturwissenschaft von den Geisteswissenschaften an. Verrückt- oder?

Die beiden Kulturen der Natur- und der Geisteswissenschaften haben sich lange gegenseitig beargwöhnt. Naturwissenschaft wurde als herzlose „Entzauberung der Natur“ betrauert. Und die auf *Max Weber* zurückgehende Formel der ‚Entzauberung‘ enthält ja ein Stück zutreffender Diagnose: Naturwissenschaft wurde im Bewusstsein des „Alleswissers“ gegenüber einer Natur betrieben, deren Geheimnisse man weitgehend gelüftet habe - der Rest sei nur ein Frage der Zeit - und im Bewusstsein des „Alleskönners“, der die Natur vollkommen beherrschen und nutzbar machen könne. Die Geisteswissenschaften wiederum wurden von

---

[93] Snow, Charles Percy: Die zwei Kulturen. 1959. In: H. Kreuzer (Hrsg.): Die zwei Kulturen, München 1987.

Naturwissenschaftlern als – sagen wir es im Klartext! – „Gelaber ohne Fakten und Fundament“ gesehen. (Ein Körnchen Wahrheit enthält dieser Kritik m.E. hinsichtlich der Leichtigkeit und Oberflächlichkeit, mit der manche Geisteswissenschaftler ihre neuen Hypothesen mit dem hohen Gewicht von „Theorien“ vortragen. Bevor in den Naturwissenschaften von „Theorie“ geredet wird, braucht es normalerweise allerhand Fakten als Fundament.)

Die Geisteswissenschaften besitzen sehr wohl ein seriöses Fundament. Und wenn Naturwissenschaft nur tief genug schürft, kann sie uns die Schönheit und Größe, den „Zauber“ der Natur, sogar noch mehr erkennen lassen. Erkenntnisse der Naturwissenschaft können „Sprungbrett“ zum Glauben an den genialen Schöpfer werden; damit auch hinein in den „Kernbereich“ der Theologie als einer Geisteswissenschaft. *August Hermann Francke*, einer der Väter des Pietismus, gründete im Jahr 1698 in Halle an der Saale ein Gymnasium, das in Deutschland die allererste Schule mit naturwissenschaftlichem Unterricht war. Seine Schüler sollten gerade durch die genaue Betrachtung der Natur zur Ehrfurcht vor dem Schöpfer geführt werden.

Der Erfolg des „Denkverzichtes“ der Naturwissenschaft…und die Quittung

Bevor wie weiter Partei ergreifen für das Miteinander der Natur- und der Geisteswissenschaften muss eingeräumt werden, dass die einstige Trennung zu zwischenzeitlich großen Erfolgen führte. (Wirklich getrennt waren sie freilich nie, allein schon wegen der oben bereits besprochenen Tatsache, dass das Rückgrat der modernen Naturwissenschaften eine Geisteswissenschaft ist.) *Carl Friedrich von Weizsäcker* beschrieb den Gewinn des „Denkverzichtes“ der Naturwissenschaft so: *„Das Verhältnis der Philosophie zur so genannten positiven Wissenschaft lässt sich auf die Formel bringen: Philosophie stellt diejenigen Fragen, die nicht gestellt zu haben die Erfolgsbedingung des wissenschaftlichen Verfahrens war. Damit ist also behauptet, dass die Wissenschaft ihren Erfolg unter anderem dem Verzicht auf das Stellen gewisser Fragen verdankt."*[94] Solche ausgeblendeten Fragen sind: Was ist Zeit? Was ist Natur (auch als Lehrmeisterin des Menschen)? Wo liegen ethische Grenzen der Forschung? Wer oder was steht hinter der Natur?

Inzwischen ist es jedoch offensichtlich, dass diese Fragen wieder gestellt werden müssen, weil Atombombe und ökologische Krise die zerstörerische

[94] v. Weizsäcker, C. F.: Deutlichkeit, München 1978, S. 167.

Wirkung und den letztlichen Misserfolg einer „unterjochenden“ Wissenschaft präsentiert haben.

Die Botschaft der Welt als „Ganzes“ im Telegrammstil

Die gewaltig Symphonie vieler Melodien und Stimmen weist in die eine Richtung: Die Welt ist ein Ganzes, das sich weithin auch gar nicht zergliedern lässt, ohne es zu zerstören.

7. Die Botschaft des Reichtums der Wirklichkeit: Physik statt Physikalismus, Reduktion statt Reduktionismus

Wie oben bereits gesagt, brauchen wir ein „vielstimmiges Denken“. Begeisterung über die Physik wird zur Torheit, wenn sie zum „Physikalismus“ wird.

Das „Quanten-Übertreibungssyndrom“

Die *Quantenphysik* ist eine sehr wichtige Erkenntnisquelle. Sie kann Wertvolles beisteuern zu einem möglichst wirklichkeitsadäquaten Naturbild und sogar zur Philosophie und zur Theologie. Die Quantentheorie hat einen wesentlichen Anteil an der Pionierarbeit hin zu einem neuen Naturbild und hat die Fenster für den Geist auf neue Art geöffnet. Welch wichtige „Botschaften“ aus der Welt des Allerkleinsten!

Aber auch vom „Quanten-Übertreibungssyndrom“ muss geredet werden: plötzlich wird alles irgendwie auf Quanten zurückgeführt; ein gesundes Maß an Kausalität und Determinierung scheint es auch in der „Newton-Welt“ nicht mehr zu geben. Der Quantenphysiker und einstige CERN-Forscher *Bernard d'Espagnat* meint sogar: *„Jeder, der sich eine Vorstellung von der Welt zu machen sucht - und von der Stellung des Menschen in der Welt -, muss die Errungenschaften und die Problematik der Quantentheorie einbeziehen. Mehr noch, er muss sie in den Mittelpunkt seines Fragens stellen."* - Der Quantenphysik diese Mittelpunkt- und exklusive Schlüsselfunktion zuzugestehen, halte ich für ein „Quanten-Übertreibungssyndrom“.

Als ich mich ein bisschen mit *Hirnforschung* befasst habe, merkte ich, dass sich die Hirnforschung zu einem nicht geringen Teil noch immer in einem (allein schon durch die Quantenphysik überholten) mechanistischen und streng deterministischen Weltbild bewegt. Zudem musste ich bei nicht wenigen Autoren das „Gehirn-Übertreibungssyndrom“ diagnostizieren: alles, auch Entscheidung und Wille, erscheinen ihnen lediglich als Funktionen des programmierten Gehirns. Hier vertreten die „Gehirn-

Übertreiber“ also die genaue Gegenposition zu den „Quanten-Übertreibern“. Da merkt man, wohin diese Übertreiberei treibt...

Konstruieren wir die Welt?

Bei allen unseren Blicken durch wissenschaftliche und sonstige „Wirklichkeitsfenster“ sind wir zugleich „Wirklichkeitskonstrukteure“. Unser Gehirn ist sogar weit mehr „Konstrukteur“ als uns das meistens bewusst ist. Im gesunden Zustand allerdings offenbar ein äußerst genialer und weithin sich der Wirklichkeit gut annähernder Konstrukteur, wie unsere Alltagsbewältigung, die vielen bestätigten Vorhersagen der Naturwissenschaft und die großen technischen Erfolge zeigen. Das „Ding an sich“ (*Kant*) ist offensichtlich in bestimmten Merkmalen vom wahrgenommenen Sachverhalt nicht weit entfernt. Ob es allerdings darüber hinaus noch ganz andere Merkmale und Wesenszüge aufweist, ist eine andere Frage…

In einem sehr geheimnisvollen Sinne konstruieren wir nicht nur die wahrgenommene Welt in uns, sondern sogar die außerhalb von uns wahrgenommen Wirklichkeit! Die Quantenphysik hat ans Licht befördert, dass der Beobachter als Subjekt aktiv das jeweilige Antlitz des zu beobachtenden Objektes mitbestimmt. Ob sich das Licht als Teilchen oder als Welle zeigt, ist vom aktiven Anteil des Wissenschaftlers und seiner jeweiligen Energiezufuhr abhängig. Von daher sind die scheinbar weit voneinander entfernten Gebiete der Quantenphysik, der Erkenntnistheorie und der Hirnforschung unmittelbar miteinander verflochten.

Als Ausdruck eines Übertreibungssyndroms halte ich allerdings das, was die „QBisten“ aus der Quantentheorie machen. Der Physiker *Christopher Fuchs* meint: *„Es ist nicht so, dass Natur vor uns verborgen wäre. Sie ist noch gar nicht ganz da und wird das auch nie sein. Natur wird in dem Moment, da wir darüber reden, ausgearbeitet.“* – Offensichtlich war die Natur schon lange vor unserem Reden über sie ausgearbeitet. Nur während unseres kurzen Blickes auf sie arbeiten wir punktuell ein bisschen mit aus. Wer das nicht sieht, bewegt sich in einer ähnlichen Fragestellung wie einst unserer kleine Tochter: „Mama, gab es dich schon, als Gott die Tiefe geschaffen hat?“

Reduktionismus. Oder: Das „Physik-Übertreibungssyndrom“

Für den radikalen Reduktionismus sind unsere Willensentscheidungen und alles psychische Erleben allein mit Hirnbiologie, alle Biologie wiederum allein mit Physik zu erklären, so dass also selbst von der Liebe und der Kunst nur noch Physik übrigbleibt. Und es gibt Physiker, die wollen alles – von der Biologie bis zur Ethik und zur Kunst – allein auf Physik zurückführen. Ihr radikaler Reduktionismus oder Physikalismus macht der Physik durch die maßlose Übertreibung allerdings wenig Ehre.

Und bringt dem Menschen nicht nur keinen Nutzen, sondern tiefen Schaden! Denn Ethik wird damit (wenn man ehrlich ist!) sinnlos, wenn Bewusstsein nichts Höheres als Materie bedeutet, alles ohnehin streng determiniert und Willensfreiheit nur eine Einbildung ist. *Max Thürkauf*, der bekannte Professor für Physikalische Chemie in Basel, bezeichnete solche Einstellungen als Lästerung des Geistes und als dessen Selbstmord durch die Vergötzung der Materie. Und er diagnostizierte diese Haltung als Ursache des moralisch-ethischen Zusammenbruchs.

Aber was wir eben als erschreckende Konsequenz des Reduktionismus und Materialismus ausgemacht haben, scheint geradezu ihr Erfolgsrezept zu sein. *„Die Faszination des Materialismus scheint in seiner existenziellen Bequemlichkeit zu liegen: Werte sind hier nicht vorgegeben, sondern Erfindungen der Gesellschaft, die jederzeit auch anders sein könnten. Es gibt keine einschneidenden, unhintergehbaren Forderungen.“* (*Hans-Dieter Mutschler*) Ganz einfach gesagt: Man kann letztlich machen was man will und ist niemandem letztverantwortlich. Wem ein möglichst genussreiches Leben wichtiger ist als ein möglichst sinnerfülltes Leben, wer den Augenblick höher achtet als die Dauer und die Ewigkeit, wer „alles, und zwar sofort“ möchte, wird Philosophien und Interpretationen wissenschaftlicher Ergebnisse suchen, die ihn nicht unnötig beunruhigen.

Dynamischer Determinismus

Und zum Blendwerk des Erfolges gehörte dann im 19. Jh. auch die Meinung, nun Vergangenheit und Zukunft zu wissen und das „Ganze“, von dessen Verlust wir eben sprachen, auf naturwissenschaftlichem Wege eben gerade gefunden zu haben. *„Man kann zusammenfassend die Ergebnisse als Dynamischen Determinismus bezeichnen (Ludwig I, 276). Laplace hat ihn klassisch beschrieben: Ein hinreichend umfassender Intellekt kennt bei gegebenem Weltquerschnitt auf Grund der notwendigen Abfolge sowohl die vergangenen als auch die zukünftigen Zustände des Universums. Der menschliche Geist stellt ein schwaches Abbild dieser Intelligenz dar (Œuvres IV, 10). Hier feierte die klassische Naturwissenschaft im 19. Jh. denn auch ihre größten Triumphe [...]Nun hatte... Giuseppe Piazzi in Palermo schon am 1. 1. 1801 einen Planetoiden, den er Ceres nannte,...entdeckt! Aber: Ceres tauchte im Licht der Sonne unter und ging so wieder verloren. Im September des Jahres machte sich Carl Friedrich Gauß in Göttingen an die Arbeit. Eine Gleichung 8. Grades war zu lösen; bekannt waren wenige Beobachtungsdaten. Die Vorausberechnung der Bahn gelang. Am Silvestertag konnte Franz Xaver Zach (Direktor der Sternwarte Gotha) den kleinen Stern (18. Größe) im Fernrohr wiedersehen.*

Dieser Vorgang der Planetenauffindung wiederholte sich in ganz ähnlicher Weise noch öfter. Die Prognosefähigkeit naturwissenschaftlicher Aussagen erweist sich hier deutlich als Verifikationskriterium. Die Astronomie „leistet das, was von jeher Sehnsucht des Menschen war: sie lüftet den Schleier, der über der Zukunft gebreitet ist, sie verleiht ihren Jüngern die Gabe der Prophetie" (Born, Relativitätstheorie 56). Erst jüngste Entwicklungen in der Physik lassen das zu einer Art Mythos werden ..."[95]

Eine „exzessive Welt" und ein „Pluralismus von aufeinander nicht reduzierbaren Erkenntnisquellen" und Erkenntniswegen

Wenn wir nicht mit Scheuklappen durchs Leben gehen und uns nicht in irgendein Gebiet „einigeln", empfinden wir immer mehr die Komplexität und Tiefe der Welt. Wir können dem zustimmen, was *Romano Guardini* - schön und etwas schwierig - gesagt hat: Die Wahrheit sei *„keine rationalistische Simplizität, sondern ein excessivum"*. Und mit *Karl Rahner* können wir von einem *„Pluralismus aufeinander nicht reduzierbarer Erkenntnisquellen"* sprechen, zu denen dann auch unterschiedliche Erkenntniswege gehören.

Reduktion als notweniger Weg der Wissenschaft

Gerade aufgrund der Komplexität und Tiefe der Welt und ihrem „Pluralismus aufeinander nicht reduzierbarer Erkenntnisquellen" muss jede Wissenschaft mit Reduktion arbeiten. Jedes physikalische Experiment reduziert die physikalische Wirklichkeit auf eine spezielle Fragstellung hin. Physik blickt nicht auf das Lebendige wie die Biologie (die Physik kann der Biologie allerdings als Hilfswissenschaften dienen). Und beide zusammen bekommen den Bereich der Soziologie nicht in den Blick (die Biologie wiederum kann hier als Hilfswissenschaften dienen). Es geht in der Wissenschaft also immer um „Komplexitätsreduktion". Alle naturwissenschaftliche Erkenntnis ist zudem *„präparierte"* Naturerkenntnis (*A.M.K. Müller*); um es mit *Werner Heisenberg* noch schärfer zu sagen: *„Wir beobachten die Natur in ihrem erpressten Zustand."*

Und darum geht es insgesamt, dass maßvoll reduziert wird und die Weisheit der Reduktion nicht in die Torheit des Reduktionismus umkippt. *Erasmus von Rotterdam* lässt in „Encomium moriae" (Loblied der Torheit, 1509) die Torheit mit den Worten auftreten: *„Es tut halt so sauwohl, keinen Verstand zu haben, dass die Sterblichen um Erlösung von allen möglichen Nöten lieber bitten, als um Befreiung von der Torheit."* Die Töchter der Torheit heißen bei Erasmus „Eigenliebe", „Schmeichelei",

---

[95] Theologische Realenzyklopädie (TRE) Bd. 24, S. 193, Z. 4ff

„Vergesslichkeit", „Faulheit" und „Lust". Heute gibt es diese Töchter noch immer – und dazu Töchter mit Namen wie zusammenhanglose Vielwisserei, verantwortungslose Bemächtigungswissenschaft. Auch der generelle Relativismus und der radikale Reduktionismus sind moderne Töchter der Torheit.

Weltformel?

Ein hohes Ziel der Physik ist die Reduktion der physikalischen Welt auf möglichst wenige große Zusammenhänge. Bei dieser Reduktionsarbeit kamen ebenso schlichte wie gewaltige Ergebnisse zustande, z.B. dass die physikalische Welten des Großen und des Kleinen von nur vier physikalischen Grundkräften zusammengehalten und bewegt wird. Oder die gewaltige Formel $E=mc^2$!

Mit einer vereinheitlichten Theorie, die alle vier Grundkräfte berücksichtigt und endlich auch die Gravitation mit den anderen Elementarkräften zu einer Formel verbinden könnte, einer Formel der *„Quantengravitation"*, wäre schließlich das erreicht, was viele unter einer „Weltformel" verstehen. Die „Weltformel" oder „Theorie von Allem" (theory of everything, ToE) ist Ausdruck einer Suche nach einem innersten und vollständigen mathematischen Zusammenhang der gesamten Weltwirklichkeit, das höchste Ziel physikalischer Reduktion.

So faszinierend dieser Ansatz ist, so unmissverständlich muss gesagt werden, dass die „Weltformel" nicht nur Ausdruck genialer Reduktion inmitten höchster Komplexität wäre, sondern dass eine solche Welt, die sich in allem Wesentlichen in einer Formel oder Formelkette einfangen ließe, eine sehr armselige Welt wäre. Und es ist klar, dass eine so verstandene Formel eine Illusion bleiben muss, weil sich uns die Wirklichkeit in einer nicht weiter reduziblen Vielfalt von Grundaspekten darstellt. Wo die Musik von Bach und die Gemälde von Rembrandt, wo Ästhetik und Ethik und sogar Liebe und das Wissen um ein Jenseits in einer Formel aufgehen sollen, ist man Gefangener eines extremen und geradezu blinden Reduktionismus. Eine „Weltformel" wäre eben keine „Theorie von Allem", sondern bestenfalls eine sehr komplexe physikalisch-mathematische Weltbeschreibung.

Aber auch eine derart versachlichte Weltformel ist derzeit überhaupt nicht in Sicht, weil

- die sog. „Gravitonen" als die hypothetischen Eichbosonen der Gravitation sich mit aller heute bekannten Technik in keinster Weise nachweisen ließen,

- nach dem Unvollständigkeitssatz des österreichischen Mathematikers Kurt Gödel jedes hinreichend mächtige formale System entweder widersprüchlich oder unvollständig ist. Die Weltformel als mächtige, mathematisch ausformulierte Theorie muss folglich entweder widersprüchlich oder unvollständig sein…und damit keine „Welformel".

Zudem vermute ich, dass die Quantenwelt mit ihrer Sprunghaftigkeit und eine Feldtheorie der Gravitation mit ihrer stufenlosen Kontinuität nicht so einfach in eine Formel zu packen wären. Aber nach meinen Vermutungen geht es nicht. Hören wir besser auf die Fachleute, die mehr davon verstehen: *„Heute sind wir von dem Traum, eine Weltformel zu finden, weiter entfernt als zu Einsteins Zeiten"*, sagt der Wiener Quantenphysiker *Anton Zeilinger*. Und *Stephen Hawking*, einstiger Verfechter der Suche nach der Weltformel, erklärte 2001, nachdem er Gödels Satz eingehend studiert hatte: *„Manche Leute werden enttäuscht sein, wenn es keine endgültige Theorie gibt, die mit einer endlichen Zahl von Prinzipien formuliert werden kann. Ich gehörte in dieses Lager, aber ich habe meine Meinung geändert. Jetzt bin ich froh, dass unsere Suche nach Erkenntnis nie enden wird und wir stets die Herausforderung zu neuen Entdeckungen haben."*

Exkurs: Dem „Übertreibungssyndrom" auf der Spur

Die Neigung zum Reduktionismus ist zunächst ein subjektives Problemen. Es entsteht (auch) aus dem, was ich „Übertreibungssyndrom" nenne und aus eigener Erfahrung ein wenig erläutern möchte.

Wenn man sich mit unterschiedlichen „Fenstern zur Welt" bzw. „Spiegeln der Wirklichkeit" befasst, kann man so viel entdecken, dass die ganze Welt dort jeweils wie in einem Brennpunkt erscheint. Und wenn ein neues „Fenstern" bzw. ein neuer „Spiegel" dazu kommt, kann das alles so viel werden, dass es geradezu mehrere Welten zu geben scheint; oder dass es einem zu viel wird, und man manches bewusst oder unbewusst ausblendet…

In einem sehr guten Kunstunterricht sagte unser Lehrer, ein bekannter Grafiker, zwei Drittel der Welterkenntnis der Menschheit kämen aus der *bildenden Kunst*. Und in dem großartigen Fluidum dieses Unterrichts konnte man das auch gut glauben. Aber die Welterkenntnis kommt trotzdem zu einem größeren Prozentsatz aus anderen Zugängen. Wenn ich Konzerte zu moderieren habe, empfinde ich immer wieder die weltumschließende und welterschließende Kraft der *Musik*. Und doch ist die Welt eben nicht nur Musik. Ich verstehe aber, dass für manche Menschen die Welt überwiegend aus Musik besteht.

Übertreibungssyndrome habe ich an vielen anderen Stellen erlebt – und war ihnen selbst mehrfach erlegen. Als ich verschiedene alte und neue *Sprachen* zu lernen hatte, erschienen mir diese Sprachen als überaus wichtige Schlüssel zu unserer Kultur. Das sind sie ja auch; und doch erschließt die Sprache nicht alles. Als ich mich mit *Linguistik* befasst habe, sind mir noch einmal neue „Welten“ aus der großartigen Welt der Sprache erschlossen worden. Aber Sprache ist nicht nur eine eigene Welt mit einer genialen Binnenstruktur; sie bildet auch Welt zeichenhaft ab und schafft sogar Welt. Ihr „referentieller Bezug“ und ihr „performatives“ Schöpfungspotential weisen über sie selbst hinaus. Dass man bei den Sprachen und bei der Sprache „kleben bleiben“ kann und kaum noch andere Erkenntnisfenster sucht, kann ich aber gut nachempfinden. Bei meinen medizinischen Studien war ich überrascht, dass die *Medizin* noch umfänglicher ist als erwartet und dass ihr Bestand und Zuwachs an Büchern und Zeitschriften weit größer ist als in allen anderen Fächern. Aber trotzdem ist auch der „Gigant Medizin“ keineswegs der einzige wichtige Schlüssel zum Menschen. Meine „nichtmedizinisch“-*anthropologischen* und *pädagogischen* Studien haben mich noch ganz andere Menschenbilder sehen lassen. Dass man alles *psychologisch* betrachten kann, hat mir ebenfalls neue Perspektiven eröffnet; unsere Betrachtung der „Übertreibungssyndrome“ ist z.B. wesentlich eine psychologische. Alles *historisch* zu sehen, ist mir vertraut und nach wie vor sehr lieb. Alles erschließen kann diese Blickweise aber trotzdem nicht. Die *Soziologie* und die *Politikwissenschaft* haben mir noch einmal „andere Welten“ eröffnet. Die Beschäftigung mit der Geschichte und Funktion der *Schrift* hat mich davon überzeugt, dass die Bedeutung der Schriftlichkeit für unsere gesamte Kulturgeschichte kaum zu überschätzen ist. Und plötzlich wurden die zwei Drittel Welterkenntnis durch die bildende Kunst wieder realistischer, denn die Schrift kommt aus dem Bild. Trotzdem kann die Schriftlichkeit manches „Plus“ der mündlichen Kommunikation nicht einholen. Die *Religionswissenschaft* - insbesondere die Islamwissenschaft-war für mich ein Fenster zu den aktuellen Geschehnissen auf unserer Welt. Meine Beschäftigung mit *Hermeneutik* hat die Welt und den Vorgang des Verstehens noch einmal in ein neues Licht getaucht. Aber bald merkte ich auch, dass Verstehen im Letzten nicht erlernbar und mindestens so viel Kunst wie Wissenschaft ist; und dass ein „Alles-Verstehen“ in ethische Dummheit münden kann. Weite und Tiefe der *Philosophie* sind begeisternd; zeitweise hat man den Eindruck, hier die „Weltschlüssel“ zu finden. Da ich mich aber auch mit *Altorientalistik*, *Ägyptologie* und *Judaistik* zu befassen hatte, erschien mir das griechische Gewächs der Philosophie nicht nur erhellend und interessant, sondern auch kulturbedingt und begrenzt. Allerdings trägt dieses griechische Gewächs durch seinen grundlegenden Denkansatz schon ein erstaunliches Potential der

Allgemeingültigkeit in sich. Und trotzdem: viele Schätze der Weisheit waren anderswo lange vorher entdeckt worden; und manches war den Griechen verborgen geblieben. Die *Naturwissenschaften* (historisch gesehen eine Tochter der Philosophie) und die *Mathematik* sind mir in „Wellen" immer neu wichtig geworden, aber als umfassenden Weltschlüssel konnte ich sie nur im kurzen Aufflackern eines „Übertreibungssyndroms" sehen. Eine späte Liebe war die *Technik*. Ich war eher mit Technikkritik und emotionaler Geringschätzung der Technik geimpft. Ausgerechnet historische Studien haben mich eines besseren belehrt: die Welterschließungsbedeutung der Technik von den Sumerischen Rollsiegeln über den Buchdruck und den Empirismus bis zu den großen Teilchenbeschleunigern von heute ist immens. Noch immer aber halte ich eine maßvolle Technikkritik für äußerst wichtig und geradezu überlebensnotwendig (die generelle Form der Technikkritik, die noch dazu am Laptop geschrieben und auf einer Homepage offeriert wird, sehe ich freilich eher skeptisch).

Der *normale Alltag und die Grenz- und Extremsituationen des Lebens* sind wieder ein anderer Zugang zur Welt und zum eigenen Leben, der in keiner Kunst, Wissenschaft oder Philosophie aufgeht.

Die *Theologie* bietet den Vorzug und die Strapaze, dass alle eben genannten „Weltfenster" bzw. „Spiegel" in ihr vorkommen. In ihrer Einengung auf Reflexion und in ihrem Selbstverständnis als Wissenschaft ist aber auch die Theologie keineswegs der umfassende Weltschlüssel schlechthin; *unmittelbares Widerfahrnis und gelebte Spiritualität* öffnen noch einmal ganz neue Räume.

Die *Literatur* schließlich ist eigentlich kein eigener Erkenntnisweg, vielmehr beobachtet, beschreibt und verbindet sie die anderen Wege und ihre Erkenntnisse – vom Alltag über die Geschichte bis zu Wissenschaft, Technik und Spiritualität – und wird damit doch in gewisser Weise ein Erkenntnisweg; und ist natürlich ein Weg erfolgreicher Publizierung von Erfahrungen und Erkenntnissen. Das auf sie bezogene „Übertreibungssyndroms" im humanistischen Bildungsideal ist verständlich – und doch eine Verarmung gegenüber der unmittelbaren Vielfalt und sogar ein nicht ungefährlicher Weg, weil Fragen der Wahrheit und der Ethik oft nur subjektiv verhandelt werden.

Woher kommen Übertreibungssyndrome auf den verschiedenen Gebieten? Ein Keim dafür liegt natürlich im Reichtum der Wirklichkeit, in der Faszination aller Gebiete. Gerade der Reichtum der Wirklichkeit wäre doch aber zugleich ein guter Schutz gegen die Vereinseitigung. Selbst- und Fremdbeobachtung haben eine Ahnung in mir aufkeimen lassen: Es scheint dreierlei zu geben, das uns am erfolgreichsten zur Übertreibung anstacheln kann: das neu Zugängliche (hier geht es uns Erwachsenen wie den Kindern mit einem neuen Spielzeug); das nahezu Unbekannte (den größten abergläubischen Respekt vor der Wissenschaft und vor den „Göttern in Weiß" in der Medizin haben die Menschen, die am wenigsten davon verstehen) und das als Spezialgebiet besonders Vertraute (dessen Erfolge beflügeln und dessen Unerschöpflichkeit und seine Verästelungen in viele andere Gebiete hinein immer bewusster werden..und anderes vergessen lassen können).

Die Botschaft des Reichtums der Wirklichkeit im Telegrammstil

Der Weisheit maßvoller Reduktion, ohne die Wissenschaft nicht möglich wäre, steht die Torheit des Reduktionismus gegenüber. Wir dürfen den Reichtum unterschiedlicher Erkenntniswege nutzen, um dem Pluralismus aufeinander nicht reduzierbarer Erkenntnisquellen zu entsprechen.

8. Die Botschaft der Komplementarität: die getrennt-vereinten Welten unserer Welt

Verschiedenheit und Komplementarität

Die Entdeckungen der Quantenphysik waren gegenüber dem Naturbild der klassischen Mechanik – wir haben es oben bereits angedeutet- geradezu die Entdeckung einer neuen Welt. Jetzt wissen wir um zwei „physikalische Welten", die extrem verschieden sind. In der für uns sichtbaren und mit der Newtonschen Mechanik zu erklärenden Welt geht es

- deterministisch zu: alles ist festgelegt, lässt sich aus Ursachen ableiten und bei Kenntnis der Ursachen auch vorhersagen,
- geht es zeitsymmetrisch zu: alles Geschehen in der Welt könnte genauso gut rückwärts ablaufen,
- und alles ist bestimmt und lässt sich messen.

In der Quantenwelt hingegen sind die Prozesse

- indeterministisch und zufällig (Quantenvorgänge folgen dem Zufall; was man ausrechnen kann, ist lediglich die Wahrscheinlichkeit, wie sich das Teilchen verhält)
- zeitasymmetrisch (das Geschehen ist irreversibel)
- und prinzipiell unscharf.

Zudem ist selbst innerhalb der Quantenwelt vieles widersprüchlich: das Licht ist eben Welle und Teilchen zugleich. Die Quantenwelt – so kann man zusammenfassen- zeigt sich uns als zufallsgesteuert, verschwommen und von uns als Beobachtern mit erschaffen. Man kann von einer „*Welt der Möglichkeiten*" reden, die sich je und je verwirklicht. Die Unterscheidung des *Aristoteles* zwischen *Potenz* (die Fähigkeit oder Disposition zu einer noch nicht realisierten Möglichkeit) und *Akt* (die Realisierung dieser Möglichkeit) findet hier eine ganz neue Bestätigung.

Um solche Gegensätze und zugleich ihr ergänzendes Miteinander mit einem neuen Denkschema erfassen zu können, wurde von *Niels Bohr* der auf den amerikanischen Philosophen *James* zurückgehende Begriff der *„Komplementarität“* in die physikalisch-philosophische Diskussion eingeführt. Das gewohnte Entweder-oder-Schema war offensichtlich zu eng. *„Bohr benutzt ihn, um eine Situation zu beschreiben, in der man ein und dasselbe Geschehen mit zwei verschiedenen Betrachtungsweisen erfassen kann. Diese beiden Betrachtungsweisen schließen sich zwar einerseits gegenseitig aus, andererseits ergänzen sie sich jedoch. Erst durch das Nebeneinander beider Betrachtungsweisen wird man dem anschaulichen Gehalt eines beobachteten Phänomens voll gerecht.“ (Herbert Wiesen)*

„Komplementarität“ im Bohrschen Sinne ist übrigens kein relativistischer Ansatz, sondern lässt unterschiedliche Wahrheiten nebeneinander bestehen, die wir logisch nicht verbinden können, die aber in der Realität im Verbund wirksam sind. Auf dieses empirisch gut untersetzte und letztlich doch kohärente Denkmodell darf man sich nicht berufen, wenn man gegensätzliche ungesicherte Meinungen gleicherweise relativistisch als wahr aufwerten möchte. *Joseph Ratzinger* sagte kurz vor seiner Wahl zu Papst Benedikt XVI. treffend: *„Relativismus, der heute als Grundgefühl des aufgeklärten Menschen bis weit in die Theologie hineinreicht, ist das tiefste Problem unserer Zeit."*

Mehrere kleinere „Weltformeln“?

Wenn uns also die Quantenwelt in sich komplementäre Erscheinungen zeigt und die ganze Quantenwelt so verschieden ist von der „Newtonwelt“, fragt es sich, ob es wirklich so schlimm ist, dass wir die Wirklichkeit des Großen und Kleinen hinsichtlich der wechselwirkenden Kräfte nur komplementär darstellen können. Ashutosh Jogalekar urteilt dazu in seinem Blog bei "Scientific American: *"Müssten wir uns ärgern, wenn dies tatsächlich der Fall sein sollte? Ich denke nicht. Das Fehlen einer Quantengravitationstheorie bedeutet vielleicht das Ende der Vereinheitlichung, aber es würde auch andeuten, dass das Universum vielfältiger ist, als wir bislang denken. Einheitlichkeit und Vielfalt tragen gleichermaßen zur Faszination des Kosmos bei. Entpuppt sich die Weltformel als Hirngespinst, sollten wir die Tatsache feiern, dass das Universum noch interessanter ist, als wir uns bislang vorgestellt haben – gleich welche Kräfte es hervorgebracht haben. Unser Scheitern würde einen weiteren Erfolg bedeuten: dass das Universum ein unerschöpflicher Quell an Reichtümern ist. Dafür sollten wir dankbar sein.“*[96]

Und hinsichtlich „mehrerer komplementärer Weltformeln“ ist die Physik erfreulich weit: mit dem Standardmodell der Elementarteilchen, mit der Relativitätstheorie, mit der berühmten Einsteinschen Formel $E=mc^2$. Ich jedenfalls wäre damit zufrieden, diese verschiedenen „kleinen Weltformeln“ weiter auszubauen, tiefer zu verstehen und durch weitere zu vermehren.

Mathematik und die Ahnung der Ganzheit als Brücken

Die moderne Naturwissenschaft ist in einem gewissen Sinne immer auch Geisteswissenschaft, allein schon durch ihre durchgehende Mathematisierung. Und Mathematik als das „Rückgrat“ der Naturwissenschaft ist eben eine Geisteswissenschaft. Heute spricht man auch gern von der Mathematik als einer „Strukturwissenschaft“. *Carl Friedrich von Weizsäcker* prägte diesen Begriff, der die Mathematik als Bindeglied-Disziplin zwischen Natur- und Geisteswissenschaft beschreiben soll. Das ändert aber nichts an der Tatsache, dass Mathematik eine auf dem rein abstrakten Denken und der logischen Schlussfolgerung basierende Geisteswissenschaft ist.

Bereits in der Einführung sagten wir, es gäbe einige Erkenntnisse der Naturwissenschaften, die den hohen Begriff der Wahrheit wenigstens tangieren, vielleicht sogar in ihn hineinragen. Die Relativitätstheorie mit ihrem Blick für das Ganze des Universums und den „Holismus“ der Quantentheorie haben wir als Hinweise auf die Welt als Ganze interpretiert. Der „gesammelte Blick für das Ganze“ kann als Brücke zur Philosophie bezeichnet werden. Dabei muss trotzdem beachtet werden, dass die Welt als Ganzes in einem umfassenden Sinne immer noch mehr ist als der astrophysikalische Blick auf das Ganze des Kosmos oder die „Detailaufnahmen des Ganzen“ in Quantenphysik oder Biologie.

Vorstellungskraft und Phantasie als Brücke

Wie ähnlich die Naturwissenschaft und die Geisteswissenschaften „ticken“ zeigt sich auch daran, dass Vorstellungskraft und Phantasie in beiden eine wesentliche Rolle spielen. Das gilt bereits für die Entdeckung und Erarbeitung neuer Theorien. *Albert Einstein: „Der intuitive Geist ist ein heiliges Geschenk und der rationale Verstand sein treuer Diener. Wir haben eine Gesellschaft geschaffen, die den Diener verehrt und das Geschenk vergessen hat.*“Und es gilt auch für das Verstehen der Theorien. Bilder unserer Vorstellungskraft dienen den Wissenschaftlern (und uns

[96] Ebenda

„Laien“ und Dilettanten umso mehr!) als Analogien, das nicht mehr bildlich Vorstellbare doch einigermaßen zu verstehen. Bei unserem Nachdenken über Ästhetik war das bereits im Gespräch. Hier ein Beispiel dafür, das zugleich eine Vertiefung dessen ist, was wir oben über das Higgs-Boson sagten: *„Eine ganz fundamentale und offensichtliche Eigenschaft von Materie, ihre Masse (im Sinne von Trägheit), ist im Standardmodell allerdings unverstanden. Es wurde ein neues Feld postuliert, das den ganzen Raum erfüllt und an das die Teilchen „ankoppeln“. Zu diesem Feld gehört komplementär auch ein Teilchen, das nach Higgs benannt wurde. Dieses Teilchen ist extrem kurzlebig, lässt sich aber anhand seiner vorhergesagten Zerfallsprodukte identifizieren. Dieser neue Mechanismus lässt sich leider nur in der Sprache der Mathematik exakt formulieren und verstehen. Erstaunlich ist aber, dass man mit logisch-mathematisch formulierten Theorien in Bereiche der Natur vorstoßen kann, wo unsere Anschauung völlig versagt. Eine schwache Ahnung lässt sich nur mit mehr oder weniger zutreffenden Alltagsbildern erzielen. So vergleicht der Theoretiker John Ellis (CERN) das Higgs-Feld mit einer ausgedehnten Schneefläche (bestehend aus Schneeflocken-„Teilchen“). Skifahrer können fast ungebremst darüber gleiten, während andere Personen unterschiedlich tief einsinken und nur langsam vorankommen, also „träge“ sind. Das Feld wird auch gerne mit Sirup oder Honig verglichen. Eine hübsche andere Veranschaulichung ist die einer PartyVeranstaltung. Eine bekannte Persönlichkeit betritt den Raum und sofort scharen sich viele Personen um sie und hindern sie an der weiteren Fortbewegung: die Person hat „Masse“ bekommen. Eine unbekannte Person wird dagegen nicht zur Kenntnis genommen und kann den Raum ungehindert durchqueren.“*[97]

Wissenschaftstheoretische Brückentheorien

Die Physiker haben neben der Anerkenntnis der unterschiedlichen „Welten“ und Theorien auch nach Brücken zwischen ihnen gesucht. Was *Werner Heisenberg* mit dem *Nebeneinander von abgeschlossenen Theorien* beschrieben hat,[98] die jeweils innerhalb ihres Referenzrahmens stimmig sind, im jeweils anderen Referenzrahmen jedoch nicht mehr, und von denen die neuere Theorie eine neue Sprache braucht und zugleich ohne die alte Sprache nicht auskommt, scheint mir wegweisend zu sein (und hat wohl auch Thomas S. Kuhn beeinflusst). Auch hierin haben die konkreten Erkenntnisse der Quantenphysik der Wissenschaftstheorie insgesamt neue Türen geöffnet.

---

[97] http://www.faszination-universum.org/index.php/de/texte/glaube-und-wissenschaft.html

[98] Siehe dazu: Scheibe, Ernst, Die Kopenhagener Schule, in: Böhme, Gernot (Hg.): Klassiker der Naturphilosophie. Von den Vorsokratikern bis zur Kopenhagener Schule, München 1989, S. 384ff

Der Ausdruck *„Korrespondenzprinzip"* wurde 1920 (wie „Komplementarität" für die Physik) ebenfalls von Niels Bohr in die Wissenschaftstheorie eingeführt und entstand ebenfalls vor dem Hintergrund der Quantenphysik. Der Begriff meint die Beziehung verschiedener Theorien (in der Regel einer älteren und einer neueren) zum selben Phänomenbereich. Die neuere Theorie enthält die ältere als Grenzfall und gerät so nicht in Konflikt mit den älteren experimentellen Befunden. Die ältere Theorie bleibt also in ihrem begrenzten Gültigkeitsbereich weiterhin in Funktion. Das Verhältnis zwischen Spezieller und Allgemeiner Relativitätstheorie z.B. kann nach dem Bohrschen Korrespondenzprinzip verstanden werden: die Spezielle ist ein Sonderfall der Allgemeinen. (Genau genommen war es also ungenau, als ich oben von den beiden Relativitätstheorien sprach.) Auch die Newton'sche Gravitationstheorie kann für einen bestimmten Bereich aus Einsteins Gleichungen abgeleitet werden und damit nach dem Bohrschen Korrespondenzprinzip ebenfalls als Sonderfall erklärt werden. Und im praktischen Geschäft der Physik benutzt man inzwischen auch die sog. „post-Newtonsche Näherung" dazu, um die sehr ähnlichen Ergebnisse der Newtonschen und der Einsteinschen Formeln der Gravitationstheorie für Situationen mit sehr schwacher Gravitation zu erklären und auch Situationen stärkerer Gravitation „überbrückend" zu erfassen. *„ Solche Situationen lassen sich daher beschreiben, indem man mit der Newtonschen Theorie beginnt und dann Schritt für Schritt Korrekturterme hinzufügt, mit denen die Effekte der Allgemeinen Relativitätstheorie berücksichtigt werden."*[99]

Kohärenzgefühl als Gesundheitsfaktoren

Eine wichtige Quelle der Zufriedenheit ist das, was Mediziner und Psychologen „Kohärenzgefühl" nennen: das Wissen um den großen und sinnvollen Zusammenhang, in den wir eingebettet sind. Wer nur in einer „zersplitterten Welt" denken kann und zu leben meint (wie der Postmodernismus) wird kaum zufrieden sein und zur inneren Ruhe kommen können.

In diesem Sinne sind die komplementäre Sicht der Natur, wie wir sie oben angedeutet haben, und der Sprung zum alles umgreifenden Schöpfer sehr gesund. – Und das wäre zugleich die Botschaft der Kohärenz im Telegrammstil.

[99] http://www.einstein-online.info/lexikon?search_letter=p&set_language=de#pN

9. Die Botschaft von Gesetzmäßigkeit und Kontingenz: Eine Welt der Möglichkeiten...und die Unmöglichkeit, den Gesetzgeber logisch auszuschließen

Eine Welt der Möglichkeiten: Gesetzmäßigkeit und Kontingenz

Dass es Naturgesetze gibt, ist eine der fundamentalsten Überzeugungen der Physik. Und dass sich diese Überzeugung auf ganz vielen Feldern bewährt hat und bestätigt hat, spricht für ihre Richtigkeit. Von einer immerwährenden Sicherheit und Wahrheit der Naturgesetze kann trotzdem nicht geredet werden; als menschliche Aussagen über die Natur sind sie nicht sicher, sondern Teil der vom Menschen konstruierten Wirklichkeit.
Aufgrund vieler Einzelergebnisse wurde den Physikern zunehmend klar, dass es neben den Gesetzen auch die „Kontinenz“ gibt. In der Quantenphysik entdeckte man den so genannten „objektiven Zufall“. Das heißt, dass für Einzelereignisse keine Ursachen gefunden werden können. Einstein entgegnete dem zwar mit seinem berühmten Spruch: *„Gott würfelt nicht“*. Aber es stimmt trotzdem, dass das Verhalten der einzelnen Teilchen zufällig und nicht vorhersehbar ist. Die Quantenphysik zeigt die Natur als zufallsgesteuert, verschwommen und von uns als Beobachtern mit erschaffen. Man könnte man von einer *„Welt der Möglichkeiten“* reden, die sich je und je verwirklicht. Die Unterscheidung des *Aristoteles* zwischen *Potenz* (die Fähigkeit oder Disposition zu einer noch nicht realisierten Möglichkeit) und *Akt* (die Realisierung dieser Möglichkeit) findet hier eine ganz neue Bestätigung.

Dabei ist das Verhalten der Elementarteilchen jedoch kein „purer Zufall“. Man kann am besten von *„Kontingenz“* sprechen. Das lateinische „contingere“ heißt „berühren“ (das Wort „Kontakt“ kommt davon). Und „contingentia“ bedeutet „Möglichkeit“ oder „Zufälligkeit“, hat aber gerade durch die neuere Wissenschaft einen etwas anderen Klang bekommen. Kontingent sind solche Geschehnisse, die weder notwendig noch unmöglich sind. Und obwohl kein gesetzlicher Zwang dahintersteht, ist es doch eher wahrscheinlich, dass sie sich so oder so verhalten. Man könnte treffend von „Angemessenheit“ sprechen. *Hugo Staudinger* erläutert Kontingenz an dem schönen Beispiel des jungen Mannes, der einem jungen Mädchen eine Rose schenkt: das ist gewiss kein Zufall, es ist aber auch keine zwingende Notwendigkeit; es ist angemessen und eher wahrscheinlich. Analog scheint es auch in der Quantenwelt zuzugehen, nur kennen wir da die „Vorlieben“ der Teilchen nicht.

Ist das nicht eine geniale Welt der Möglichkeiten?! Nicht zuletzt für unser Leben und Handeln als Menschen mit ihren – hoffentlich guten –

„Vorlieben"! Und ist es nicht zugleich eine beruhigend verlässliche Welt?! Ich habe jedenfalls keine Angst, dass die Gegenstände in meinem Zimmer ab morgen zur Zimmerdecke statt auf den Fußboden fallen werden. Gesetzmäßigkeit und Kontingenz sind jeweils am richtigen Platz.

„Oszillieren zwischen Ordnung und Chaos"- und letztlich doch „Kosmos"

Dass die Bewegung der einzelnen Quanten in der Welt des Allerkleinsten nicht determiniert ist, sondern dem Zufall überlassen, ihr Zusammenspiel aber trotzdem ein planvolles und weithin berechenbares Ganzes ergibt, ist schier unbegreiflich. Und auch in der Makrowelt und in unserem „Mesokosmos", der menschlichen Lebenswelt, gibt es eine Menge an Zufälligem, ja, sogar an Chaos! Das hat die neuere Chaosforschung eindrucksvoll gezeigt. Und doch ist es wiederum so, dass alles „Chaos" den „Kosmos" letztlich nicht wirklich erschüttert, sondern trotz seiner Spontaneität irgendwie in ihn eingeplant zu sein scheint, ja sogar schöpferisch wirksam werden kann..

Hans-Dieter Mutschler sagt in einem Vortrag über die Chaostheorie (aus dem wir am Ende unserer Einführung bereits zitiert haben): *„Auf der Ebene solcher Interpretationen kann die Chaostheorie zu einem veränderter Wirklichkeitsverständnis führen. Wenn selbst deterministische Gesetze nicht hindern, dass physikalische Systeme ins Chaos abstürzen, wenn Chaos eine viel verbreitetere Erscheinung in der Natur ist, als bisher angenommen, wenn weiter nichtlineare Kraftverhältnisse zu spontaner Strukturentstehung führen können, die durch nichtantizipierbare Zufälle angestoßen werden, dann legt sich ein verändertes Naturbild nahe, wonach Natur nicht so sehr die Instantiierung von ‚ewigen Gesetzen' darstellt, sondern ein dynamisches, geschichtliches oder schöpferisches Werden, das zwischen Chaos und Ordnung oszilliert, um ‚Neues' zu produzieren. Es ist aber entscheidend darauf zu bestehen, dass auch eine solche Deutung in keiner Weise zwingend aus der physikalischen Chaostheorie folgt. Aus keiner wie auch immer gearteten physikalischen Theorie folgt keine wie auch immer geartete Metaphysik zwingend. Es ist ja gerade die Pointe und die Stärke moderner empirischer Wissenschaft, dass sie sich von solchen weltanschaulich-metaphysischen Rahmenbedingungen unabhängig macht."* [100]

[100] Mutschler, Hans-Dieter: Chaostheorie und Theologie https://www.forum-grenzfragen.de/wp-content/uploads/2016/04/Mutschler_Chaostheorie.pdf (S.7)

Wunder

Sind nicht gerade die Gesetzmäßigkeiten und Verlässlichkeiten gewaltige Wunder? Zumal sie mit dem Kontingenten zusammenspielen! Das geniale Zusammenspiel von Gesetzmäßigkeit und Kontingenz kann vom Schöpfer dieses Gesamtwunders auch hier und da mehr zur Kontingenz hin bewegt werden...mit neue „Vorlieben". Und selbst das Außerkraftsetzen eines Gesetzes ist für den Gesetzgeber kein Problem. Ich wundere mich jedenfalls nicht darüber, dass mich die Polizei im Halteverbot stoppen und länger stehen lassen kann. Und damit sind wir auch schon beim Gesetzgeber:

Gesetz und Gesetzgeber. Oder: Große Physiker und Rückschritt im Fortschritt

Es scheint eine Binsenweisheit zu sein, dass Gesetz und Gesetzgeber kein Widerspruch sind. Und doch ist genau das der Konfliktpunkt einer scheinbar komplizierten Auseinandersetzung:

Newton

Isaak Newtons *„Philosophiae Naturalis Principia Mathematica"* von 1687 haben wir oben bereits erwähnt. Wie später bei Einstein gab es lange zuvor aber auch bei Newton ein „Wunderjahr" mit einer völlig ungewöhnlichen Leistungskraft. Er schrieb davon: *„All dies war in den beiden Pestjahren 1665 und 1666, denn in diesen Tagen war ich in der Blüte meines erfindungsreichen Lebensalters, und sann über Mathematik und Philosophie mehr als zu irgendeiner Zeit seitdem."* Newton war seinem Schöpfer dafür sehr dankbar. Auch sein Forschen führte ihn immer mehr ins Staunen und zur Anbetung des Schöpfers. *„Die Vernünftigkeit und Begreifbarkeit der Naturgesetze bedeuten keineswegs ihre unabhängige Eigengesetzlichkeit. Vielmehr verweist gerade ihre Gesetzlichkeit auf einen intelligenten Urheber zurück, ihre Zweckmäßigkeit auf die Kunstfähigkeit des großen Weltenbaumeisters. [...] Newton hat den Zusammenhang auf den Nenner gebracht: Et haec de Deo; de quo utique ex Phaenomenis disserere, ad Philosophiam Naturalem pertinet (So viel von Gott, den vom Sichtbaren her zu erfassen, Aufgabe der Naturlehre ist...).[...]...kennzeichnend für das religiöse Weltbild dieser Zeit wird das Staunen über das Wunderwerk der Uhr. Deren naturgesetzliche Mechanik setzt doch sichtlich die Intelligenz und Kunstfertigkeit eines Uhrmachers voraus und wird zum Symbol, ja Existenzaufweis eines göttlichen Werkmeisters..., der die Welt als Kunstwerk geschaffen und eingerichtet hat..."* [101]

---

[101] Theologische Realenzyklopädie (TRE) Bd. 24, S. 1913, Z. 55ff

Faraday und Maxwell

Beeindruckende Beispiel für das förderliche Miteinander von Glaube und wissenschaftlichem Fortschritt sind auch die großen Physiker *Michael Faraday* (1791-1867) und *James Clerk Maxwell (*1831-1879). Faraday war Ältester einer christlichen Gemeinde und predigte an vielen Sonntagen. *Maxwell*, der Naturwissenschaftler des 19. Jahrhunderts mit dem wohl größten Einfluss auf die Physik des 20. Jahrhunderts, war ein tief gläubiger Mann und entdeckte die Art der Beziehung zwischen Magnetismus und Elektrizität beim Nachdenken über die göttliche Dreieinigkeit. *„Die Heilige Dreifaltigkeit, wo die Beziehung zwischen der Person des Vaters und der Person des Geistes, der Geist der Liebe, ebenfalls Person ist, war ihm ein Leitbild für die Beschreibung der physikalischen Beziehung zwischen elektrischen und magnetischen Feldern. Die Beziehung besteht im Elektromagnetischen, das ebenso Substanz ist wie das Elektrische und das Magnetische. So entstand das Bild der elektromagnetischen Welle als eine Dreifaltigkeit in der Schöpfung, welche als ein Abbild der Heiligen Dreifaltigkeit angesehen werden darf..." (Max Thürkauf)*

Planck

Die Erforschung der physikalischen Gesetze der Natur ging weiter und erreichte mit der Schrift *„Über die Erhaltung der Kraft"* von Hermann von Helmholtz im Jahr 1847 einen Höhepunkt. Der Energieerhaltungssatz[102] ist dann auch überaus wichtig gewesen für die Entdeckung der Radioaktivität. Und durch Max Planck und Albert Einstein wurden ganz neue Türen aufgestoßen, nachdem einige Zeit vorher mancher schon meinte, die Physik hätte so gut wie alles Grundsätzliche bereits erforscht.

Der großer „Türöffner" Max Plank sagte: *„Meine Herren, als Physiker, der sein ganzes Leben der nüchternen Wissenschaft, der Erforschung der Materie widmete, bin ich sicher von dem Verdacht frei, für einen Schwarmgeist gehalten zu werden.*
Und so sage ich nach meinen Erforschungen des Atoms dieses: Es gibt keine Materie an sich. Alle Materie entsteht und besteht nur durch eine Kraft, welche die Atomteilchen in Schwingung bringt und sie zum winzigsten Sonnensystem des Alls zusammenhält. Da es im ganzen Weltall aber weder eine intelligente Kraft noch eine ewige Kraft gibt - es ist der Menschheit nicht gelungen, das heißersehnte Perpetuum mobile zu erfinden - so müssen wir hinter dieser Kraft einen ***bewußten intelligenten Geist*** *annehmen. Dieser Geist ist der Urgrund aller Materie. Nicht die sichtbare, aber vergängliche Materie ist das Reale, Wahre, Wirkliche - denn die Materie bestünde ohne den Geist überhaupt nicht - , sondern der*

---

[102] Der Begriff „Energie" wurde erst durch Lord Kelvin 1851 in der Physik eingeführt und von Helmholtz als o noch nicht in diesem Sinne verwendet.

unsichtbare, unsterbliche Geist ist das Wahre! Da es aber Geist an sich ebenfalls nicht geben kann, sondern jeder Geist einem Wesen zugehört, müssen wir zwingend Geistwesen annehmen. Da aber auch Geistwesen nicht aus sich selber sein können, sondern geschaffen werden müssen, so scheue ich mich nicht, diesen geheimnisvollen Schöpfer ebenso zu benennen, wie ihn alle Kulturvölker der Erde früherer Jahrtausende genannt haben: Gott! Damit kommt der Physiker, der sich mit der Materie zu befassen hat, vom Reiche des Stoffes in das Reich des Geistes. Und damit ist unsere Aufgabe zu Ende, und wir müssen unser Forschen weitergeben in die Hände der Philosophie."[103]

Einstein

Einstein hingegen, der zweite großen „Türöffner", war mit seinen ohne Frage zutreffenderen Erklärungen (etwas der Gravitation) nicht mehr auf der gleichen Höhe des Verstehens des tiefsten Hintergrundes. Er hatte Newton überholt - und war doch hinter ihm zurückgeblieben.[104] 1929 schrieb er zwar die schönen Worte: *„Alles wird bestimmt, der Anfang wie auch das Ende, durch Kräfte, über die wir keine Macht haben. Es wird bestimmt für die Insekten wie für die Sterne. Menschen, Pflanzen oder kosmischer Staub, wir tanzen alle nach einer bestimmten Melodie, die aus der Ferne von einem unsichtbaren Pfeifer angestimmt wird."* Einstein sprach auch vom Grundgefühl für das Geheimnisvolle. Aber er konnte nur noch an den „Gott Spinozas" glauben; und - als reine Metapher – an den „unsichtbaren Pfeifer". Im pantheistischen Sinne war das Göttliche für ihn in der Welt anwesend, aber Gott als väterliches Gegenüber war ihm undenkbar geworden. In seinem Antworttelegramm vom 24. April 1929 an den New Yorker Rabbiner *Herbert S. Goldstein* auf dessen telegraphische Anfrage: *"glauben sie an gott stop bezahlte antwort fuenfzig worte"* schrieb er: *„ich glaube an spinozas gott der sich in der harmonie des seienden offenbart stop nicht an einen gott der sich mit schicksalen und handlungen der menschen abgibt."*

Noch immer war das Wissen um das Göttliche in der Welt die innerste Triebkraft für Einsteins Forschungen. Die komplexen Zusammenhänge und die im Letzten so großartig einfachen Gesetze des Universums zu erkennen, war Einsteins religiöse Leidenschaft hinter der Leidenschaft des Naturforschers. Albert Einstein meinte: *„Jedem tiefen Naturforscher muss*

---

[103] Max Plank Archiv zur Geschichte der Max-Planck-Gesellschaft, Abt. Va., Rep. 11 Planck, Nr. 1797

[104] Vgl. zum Ganzen: Herbert Pietschmann, ALBERT EINSTEIN: GOTT UND DIE PHYSIKER http://www.ganzheitsforschung.at/ganzheit.nsf/6c910ec3196ed723c125701400247693/aacfc332fcc621eac125716a003cc8a0/$FILE/Herbert%20Pietschmann.pdf

eine Art religiösen Gefühls naheliegen, weil er sich nicht vorzustellen vermag, dass die ungemein feinen Zusammenhänge, die er erschaut, von ihm zum erstenmal gedacht werden. Im unbegreiflichen Weltall offenbart sich eine grenzenlos überlegene Vernunft. - Die gängige Vorstellung, ich sei Atheist, beruht auf einem großen Irrtum. Wer sie aus meinen wissenschaftlichen Theorien herausliest, hat sie kaum begriffen." Und: *"Wissenschaft ohne Religion ist lahm, Religion ohne Wissenschaft ist blind."* – Und doch blieb sein innerer „Sprung" verhältnismäßig kurz – jedenfalls im Vergleich zu den gewaltigen Sprüngen, die er der Wissenschaft geschenkt hat.

Dirac

Forschen und Staunen können zum „Sprungbrett" werden. Man kann Wissenschaft freilich auch in genau gegensätzlicher Weise verstehen. Ein überzeugter Atheist unter den großen Physikern des 20. Jahrhunderts war *Paul Dirac*. Wolfgang Pauli prägte im Blick auf ihn – bei aller Hochachtung vor seiner wissenschaftlichen Leistung- das Scherzwort: *„Wenn ich Dirac richtig verstehe, meint er Folgendes: Es gibt keinen Gott und Dirac ist sein Prophet."*

Hawking

Heute gilt Stephen Hawking als großer Forscher.[105] Als Inhaber des Lucasischen Lehrstuhls für Mathematik an der Universität Cambridge war er übrigens einer der Nachfolger von Isaac Newton in dieser Professur. Sein Rückschluss von den Gesetzen des Universums auf die Überflüssigkeit des Gesetzgebers[106] aber ist- bei allem Respekt vor der wissenschaftlichen und menschlichen Leistung des schwer kranken Forschers – das Ergebnis einer wenig überzeugenden Logik und ein erneuter Rückschritt. Wir sehen bei ihm den Verlust jedes metaphysischen Weltverstehens - und damit eine große innere Verarmung. *Hoimar von Ditfurth* schreibt dem gegenüber treffend, niemand hätte Anlass, *„unser Planetensystem nicht mehr als einen Teil göttlicher Schöpfung zu betrachten, nur weil es uns gelungen ist, sein Verhalten naturgesetzlich zu verstehen."*[107]

---

[105] Hawking war als Inhaber des Lucasischen Lehrstuhls für Mathematik an der Universität Cambridge auch einer der „Amtsnachfolger" von Isaac Newton.

[106] „Weil es ein Gesetz wie das der Schwerkraft gibt, kann und wird sich ein Universum selber aus dem Nichts erschaffen. […] Spontane Schöpfung ist der Grund, warum es statt des Nichts doch etwas gibt, warum das Universum existiert, warum wir existieren." (http://www.focus.de/kultur/buecher/wissenschaft-physiker-hawking-kein-gott-noetig-fuer-universum_aid_548092.html)

[107] H. von Ditfurth: Wir sind nicht nur von dieser Welt. Naturwissenschaft, Religion und die Zukunft des Menschen, Hamburg [5]1987, S. 57.

Im Blick auf die Philosophie *Stephen Hawkins*, Gott und die Gesetzen der Physik als Entweder-Oder zu sehen, schreibt der Oxford-Professor *John Lennox*: *„Hier vermischt er zwei völlig unterschiedliche Dinge: physikalische Gesetzmäßigkeit und persönliches Handeln. Das sind falsche Alternativen! Es handelt sich hier um einen klassischen Kategorienfehler. Seine Aufforderung, zwischen der Physik und Gott zu wählen, ist ebenso offenkundig absurd wie die Aufforderung, sich entweder für die physikalischen Gesetze oder für den Luftfahrtingenieur Sir Frank Whittle zu entscheiden, wenn man den Düsenantrieb erklären will. Die Gesetze der Physik können erklären, wie ein Düsenantrieb funktioniert, aber nicht, wie er entstanden ist. Es leuchtet jedem ein, dass ein Düsenantrieb nicht durch die physikalischen Gesetze allein erschaffen werden konnte – dafür waren die Intelligenz und Kreativität Whittles erforderlich – und das Vorhandensein entsprechender Bedingungen und Materialien. Die Welt des strengen Naturalismus, in der clevere mathematische Gesetze ganz von sich aus das Universum und das Leben ins Dasein rufen, ist reine Fiktion (bzw. Science Fiction). Theorien und Gesetze rufen keine Materie/Energie ins Dasein. Die Ansicht, sie wären irgendwie doch dazu imstande, erscheint als eine recht verzweifelte Ausflucht vor der alternativen Möglichkeit, die Hawking mit seiner Frage impliziert: „Oder braucht sie einen Schöpfer?"* [...] *In ihrem Bemühen, die klaren Hinweise für die Existenz einer göttlichen Intelligenz hinter der Natur zu umgehen, sind atheistische Wissenschaftler gezwungen, viel weniger wahrscheinlichen Kandidaten wie Masse/Energie und den Naturgesetzen schöpferische Kräfte zuzuschreiben."*

Im Blick auf den „Lückenbüßer-Gott", von dem Hawkins ausgeht (und diesen armseligen Gott dann verständlicherweise ablehnt), meint *John C. Lennox*: *„ Gott ist der Schöpfer sowohl der Teile des Universums, die wir nicht verstehen, als auch der Teile, die wir verstehen. Und natürlich sind es gerade die Teile, die wir verstehen, die uns die stärksten Hinweise auf Gottes Existenz und sein Handeln liefern. So wie ich das Genie hinter einem technischen oder künstlerischen Werk um so mehr bewundern kann, je besser ich es verstehe, so nimmt auch meine Verehrung des Schöpfers zu, je besser ich verstehe, was er getan hat."* Und so resümiert der Oxford-Professor: *„Hawkings Attacke wird die Fundamente eines intelligenten Glaubens, der auf dem kumulativen Zeugnis von Wissenschaft, Geschichte, biblischer Darstellung und persönlicher Erfahrung beruht, nicht erschüttern können."* Und: *„Für den Christen – sei er Naturwissenschaftler oder nicht – ändert sich überhaupt nichts an seinem Glauben an Gott den Schöpfer. Er verfolgt mit Interesse das* *fortschreitende Verständnis für die gottgegebenen Ordnungen der materiellen Welt und staunt über ihr raffiniertes Zusammenspiel."*

Historisch gesehen ist es sogar so, dass der Monotheismus, der Glaube an nur einen Gott und Gesetzgeber, ein wesentlicher Motor der Naturwissenschaft war. Wo man mit vielen Göttern und ihren unberechenbaren Auseinandersetzungen rechnete, war es sinnlos, nach stabilen Gesetzen in und hinter allem zu suchen.

Sprung zum Höchsten als „Kontingenz" unseres Herzens

Das Staunen ermöglicht den Sprung mit Kopf und Herz bis hin zum Höchsten und Größten, zu dem, der alles umgreift...Wissenschaftlich beweisen lässt Gott sich freilich nicht und seine Liebe kann man gleich gar nicht „wissenschaftlich sezieren". *Sergey Khudiyev* sagt das sehr schön: *„Wenn Atheisten fordern, Gott durch eine wissenschaftliche Methode nachzuweisen, ist dies dasselbe, wie zu verlangen, Bill Gates im Microsoft-Betriebssystem nachzuweisen. Wir können erkennen, dass ein Wille und ein Verstand dahinterstecken; aber wir können Bill selbst nicht darin aufspüren."*[108] Aber die Ahnung einer überragenden Intelligenz und einer weitblickenden Planung kann sich über dem Forschen einstellen. Wir brauchen die Sprungbretter des Staunens und des Glaubens. Aber der Glaube an die Gottesverkündigung der Bibel ist kein irrationaler Sprung, sondern ein Schritt begründeten Vertrauens. Logisches Denken ist dafür nicht hinderlich, sondern förderlich. So ist es z.B. ein sinnvoller Schluss, von genialen Werken auf einen genialen Baumeister und Künstler zu schließen. Und es ist schlichtweg ein Trugschluss, wenn man aufgrund erklärbarer Gesetzmäßigkeiten folgert, einen Urheber und Erfinder dafür gäbe es nicht. Bei keinem menschlichen Werk würde diese Logik akzeptiert. Es ist aber ein immer noch weit verbreiteter Denkfehler. Wenn Sie verstehen, was ich geschrieben habe und was Sie soeben lesen – gibt es mich dann nicht? – In dieser Freiheit und Angemessenheit ist der Glaube an den Gott der Bibel eine kontingentes Angebot.

Die Botschaft von Gesetzmäßigkeit und Kontingenz im Telegrammstil

Gesetz und Gesetzgeber, Gesetzmäßigkeit und Kontingenz, Verlässlichkeit und Wunder gehören zusammen.

---

[108] http://de.bogoslov.ru/text/2280525.html

10. Die Botschaft vom Logos: Die Welt als Kosmos und ein informatives und kommunikatives Universum

Im „Logos“ bündeln sich viele unserer oben vernommenen Botschaften. Ästhetik und Symmetrie, Gesetz und Ganzheit: alles ist Ausdruck des „Logos“. Wenn wir von der „Botschaft des Logos“ sprechen, dann verwenden wir freilich einen Schlüsselbegriff, der nicht aus der Physik stammt und zu dessen Tiefe und Weite die Physik aufgrund ihrer Einzelergebnissen auch gar nicht gelangen kann. Aus der Zusammenschau unterschiedlicher physikalischer Ergebnisse aber kann zumindest eine Ahnung vom „Logos“ entstehen. Und Physik und Philosophie und Theologie können sich dann gegenseitig bereichern: Der philosophische und theologische Begriff des „Logos“ kommt in der Sprache der Naturwissenschaft und Mathematik zu einer neuen und differenzierteren Formulierung, gewinnt noch schärfere Konturen. Und umgekehrt gewinnen die Erkenntnisse im Bereich der Naturforschung eine viel größere Tiefe und Geschlossenheit, wenn man sie unter dem Blickpunkt des „Logos“ betrachtet.

Und in der Tat: die Forschungsergebnisse der verschiedenen Naturwissenschaften eröffnen uns immer mehr Einblicke in die grundlegende Symmetrie und in die überwältigende Schönheit und Zweckmäßigkeit, in die wohltuende Einfachheit und die aufregende Genialität im Großen wie im Kleinen. Hinter der Natur zeigt sich eine erstaunliche „Logik“. Und damit berührt die Naturwissenschaft doch ständig den großen Begriff des „Logos“.

Logos

Der Logos-Begriff spielt sowohl in der griechischen Philosophie als auch in der christlichen Theologie eine zentrale Rolle. Er vermag dabei ein sehr weites Bedeutungsspektrum abzudecken: „Wort“ und „Rede“, „Rechnung“ und „Rechenschaft“, „Sache“, „Grund“, „Sinn und Zweck“, „Bedeutung“, „Vernunft“, „Denkart“, „Art und Weise“, „Ordnungsprinzip“ und „Wahrheitsfähigkeit“. Dass das griechische Wort „Logos“ also nicht nur „Wort“, sondern zugleich „Vernunft“ (daher die „Logik“) und „Sinn“ (deshalb Viktor Frankls „Logotherapie)“ meint, dass Wort und Zahl und Zweck sich hier treffen, dass die Natur den Logos wie ein „Gütesiegel“ für Vernünftigkeit und Zielgerichtetheit trägt, dass sie durch ihren Logos-Charakter aber auch das Kenenzeichen einer großen „Kommunionalität“ besitzt, das sind tiefe Zusammenhänge, denen wir noch etwas näher nachgehen wollen:

Die Welt als Kosmos und der Logos als Programm

Bereits das vorphilosophische Denken Altgriechenlands war von der sinnvollen Ordnung des Kosmos überzeugt. Deutlicher Ausdruck dafür ist allein schon die Tatsache, dass das griechische Wort „Kosmos“ zugleich „Ordnung“ und „Schmuck“ bedeutet. Wodurch wird der Kosmos zum Schmuck? Durch den Logos! Der Logos ist das hinter dem Kosmos stehende Programm! „Logos“ als Vernunft, inneres Gesetz und Sinn der Natur ist erstmals ausdrücklich bei Heraklit von Ephesos († um 460 v.Chr.) anzutreffen; und zwar als Weltgesetz und einigendes Prinzip über den Gegensätzen der Welt. Bei Platon († 348/347 v. Chr.) wird die Harmonie und Ordnung der (mathematisch beschreibbaren) Natur zur Grundlage der Philosophie. Die stoischen Philosophen beschrieben den Logos als Prinzip in der Natur, an dem der Mensch durch den inneren Logos Anteil hat. Der Logos ist es, der dem Menschen die Aufgabe stellt, sein Leben ganz nach der Weltvernunft einzurichten. Und der Logos ist es, der zugleich die Erfüllung dieser schönen und wichtigen Aufgabe ermöglicht.

Unter Aufnahme physikalischer Erkenntnisse können wir heute sagen: Der Kosmos ist…

… geprägt vom Logos als Gesetzmäßigkeit

Mit unserem Thema „Gesetzmäßigkeit“ im vorigen Kapitel kam bereits ein rationales und logisches Grundverständnis der Natur zum Ausdruck. Der Gegensatz dazu wäre das pure Chaos, der bloße Zufall, die völlige Willkür. Naturgesetze tragen die Botschaft in sich: hier läuft nicht alles wild durcheinander. Gesetzte sind Ausdruck des Logos. *John Polkinghorne* sagt dazu: *„Naturgesetze erwecken Fragen, welche naturwissenschaftlich nicht mehr zu beantworten sind: Warum ist uns die natürliche Welt so verständlich? Warum sind ihre Gesetze so fein aufeinander abgestimmt, dass sich eine fruchtbare Geschichte entfalten kann? Warum ist Naturwissenschaft möglich? Warum hat das Universum so eine besondere Gestalt?“*

… geprägt vom Logos als Zweckmäßigkeit des Einzelnen innerhalb des Ganzen

Das Ganze funktioniert nur, wenn die Teile in einer großen Harmonie verbunden sind, wenn jedes Teil seine Einbindung hat und seinen speziellen Zweck erfüllt. Die Chaosforschung zeigt eindrücklich, wie schon kleine Ausgangsveränderungen große Änderungen und katastrophale Endzustände bewirken können. Dass wir immer noch in einem „Kosmos“ leben, ist hoch erstaunlich! Und dieser Kosmos ist auch…

… geprägt vom Logos in seiner mathematischen Dimension

Die moderne Naturwissenschaft ist in einem gewissen Sinne immer auch Geisteswissenschaft; allein schon durch ihre durchgehende Mathematisierung - und Mathematik als das „Rückgrat“ der Naturwissenschaft ist eben eine Geisteswissenschaft, die auf dem rein abstrakten Denken und der logischen Schlussfolgerung basiert. Und was uns inzwischen so selbstverständlich erscheint, ist höchst erstaunlich: dieses abstrakte Gedankengebäude passt genau zur realen Welt! Was schon die *Pythagoreer* und *Euklid* lehrten, hat seine Gültigkeit behalten: In der Logik der Zahlen und als „Geometrie“ können wir viele innere Gesetze und strukturelle Beziehungen in unserer Welt beschreiben. In Maß und Zahl liegt eine wesentliche Ursache für die große Schönheit und Einheit unserer Welt. *„Die Harmonie der Natur drückt sich nach pythagoräischer Auffassung in der Einheit der arithmetischen, geomentrischen und musikalischen Proportionen aus. Euklid nennt solche Proportionen „Logos“…In diesem Sinn ist der Logos der Maßstab alles Seienden.“* [109]

Einer, der dieses Logos-Wunder in der Neuzeit besonders treffend beschrieben hat, war der jüdische Gelehrte Eugene Wigner. Er war Professor für Mathematik und zugleich einer der großen Physik-Nobelpreisträger. Die Homepage des Lindauer Nobelpreisträgertreffens bezeichnet Wigner voller Hochachtung als „bescheidenes Genie“.[110] Sein wohl bekanntestes Werk ist die allgemeinverständliche Abhandlung “The unreasonable effectiveness of mathematics in the natural sciences”[111]. Darin sagt er, dass die enorme Nützlichkeit der Mathematik in den Naturwissenschaften ein Geschenk sei, etwas höchst Erstaunliches und an das Mystische Grenzendes, für das es keine rationale Erklärung gäbe und das wir weder verstehen noch verdienen würden.

Die Welt als Kosmos ist zudem…

… geprägt vom Logos in seiner symmetrischen Dimension

Und diese wiederum ist ganz direkt etwas Mathematisches. Eugene Wigner legte auch den Grundstein für die Theorie der Symmetrien in der Quantenmechanik. Wie fundamental die Symmetrie ist, kann man als „Dilettant“ wohl kaum in der Tiefe erfassen. *Werner Heisenberg* sagte: *„Für die moderne Naturwissenschaft steht am Anfang nicht das materielle Ding, sondern die Form, die mathematische Symmetrie.“* Eine sinnvolle Interpretation des ersten Satzes des Johannesevangeliums *„Im Anfang war*

---

[109] Mainzer, Klaus: Symmetrien der Natur: Ein Handbuch zur Natur- und Wissenschaftsphilosophie, Berlin, New York 1988.
[110] http://www.lindau-nobel.org/de/eugene-wigner-ein-bescheidenes-genie/

[111] http://www.dartmouth.edu/~matc/MathDrama/reading/Wigner.html

der Logos" sieht Heisenberg deshalb in der Aussage *„Im Anfang war die Symmetrie."*

Die Welt als Kosmos ist auch noch…

… geprägt vom Logos in seiner ganzheitlich-emergenten Dimension

Wir sagten oben im Kapitel zur Ganzheit, die gewaltig Symphonie vieler Melodien und Stimmen weise in die eine Richtung, dass die Welt ein Ganzes sei, das sich weithin auch gar nicht zergliedern lasse, ohne es zu zerstören. Dem wäre noch hinzuzufügen, dass die Schöpfung ein erstaunliches Ganzheitsstreben in sich trägt. Wir erleben das an uns selbst bei jedem erfolgreichen Heilungsprozess.

Und schließlich ist zu sagen, dass die Schöpfung eine erstaunliche Intelligenz in sich trägt, durch die sie aus den Bausteinen eines niederen Systems ein höheres System hervorbringen kann. Deshalb lohnt es sich, dem neueren Denkmodell der „Emergenz" statt der Torheit des radikalen Reduktionismus zu folgen. Emergenz meint die spontane Herausbildung von Phänomenen oder Strukturen eines höheren Systems auf der Grundlage des Zusammenspiels seiner Teile. Dabei entstehen neue Eigenschaften des neuen und höheren Systems, die keiner seiner Bausteine hatte. Das Ganze ist mehr als die Summe seiner Teile. Die kürzeste Definition von Emergenz stammt von dem Physiker *Philip W. Anderson*: *"More is different"* (mehr ist anders).

Der Ruf nach einem *„Zeitalter der Emergenz"* wird folgerichtig auch lauter.[112] Der Physiknobelpreisträger *Robert Laughlin* (1998 Nobelpreis für seine Arbeiten zum Quanten-Hall-Effekt) sieht die Emergenz als *„physikalisches Ordnungsprinzip"* hin zu komplexeren Systemen mit neuen Eigenschaften. Als Beispiele nennt er die Wärme, den Magnetismus und die elastischen Eigenschaften eines Körpers, die alle erst im Kollektiv auftreten und verschwinden, wenn die betrachtete Menge sehr klein wird.

Und dem Komplexitätszuwachs nach oben entspricht die *„Verursachung nach unten"*. *Karl Popper* verwies bereits 1977 in *„Das Ich und sein Gehirn"* auf das Prinzip der „Verursachung nach unten" und schieb, dass *„das Ganze, die Makrostruktur…als Ganzes auf ein Photon, ein Elementarteilchen oder ein Atom einwirken"* könne. Das alles, diese

[112] Z.B.: Laughlin, Robert B.: Abschied von der Weltformel. Die Neuerfindung der Physik, München 2007. Mitchell, Sandra: Komplexitäten. Warum wir erst anfangen, die Welt zu verstehen, Frankfurt am Main 2008.

geheimnisvolle Intelligenz zum Aufbau von unten nach oben und zum „Regieren“ von oben nach unten lässt sich als „Emergenz“ beschreiben- und die Emergenz am besten mit dem Begriff des Logos deuten!

Der Logos in uns

Staunenswert ist auch, dass nicht nur unser „Gedankenkonstrukt Mathematik“ auf die Wirklichkeit passt, sondern dass die „äußere Welt“ und unser inneres „Sehen“ und Denken offenbar in ganz vielen Bereichen aufeinander abgestimmt und „kompatibel“ sind. *Leibnitz* (1646–1716) prägte dafür den Begriff der *"prästabilierten Harmonie"*: eine vorherbestimmte Übereinstimmung. Leibnitz deutete die allen Dingen innewohnende Ordnung und die dazu passende Erkenntnisfähigkeit des Menschen in einem Gleichnis so, dass Gott alles eingerichtet habe wie das Nebeneinader zweier Uhren, die genau aufeinander abgestimmt seien- und doch zwei unterschiedliche Uhren blieben. *Wolfgang Pauli* meinte: *„Theorien kommen zustande durch ein vom empirischen Material inspiriertes Verstehen, welches am besten im Anschluss an Plato als zur Deckung kommen von inneren Bildern mit äußeren Objekten und ihrem Verhalten zu deuten ist. Die Möglichkeit des Verstehens zeigt aufs Neue das Vorhandensein regulierender typischer Anordnungen, denen sowohl das Innen wie das Außen des Menschen unterworfen sind."*

Für die „innere Uhr“ des Menschen ist nun noch interessant, dass sie nicht etwa nur aus „starrer Logik“, sondern auch aus Einfühlung und Erfahrung besteht. Dazu sagte *Albert Einstein*: *„Zu diesen elementaren Gesetzen führt kein logischer Weg, sondern nur die auf Einfühlung in die Erfahrung sich stützende Intuition. ... Keiner, der sich in den Gegenstand wirklich vertieft hat, wird leugnen, dass die Welt der Wahrnehmungen das theoretische System praktisch eindeutig bestimmt, trotzdem kein logischer Weg von den Wahrnehmungen zu den Grundsätzen der Theorie führt. Dies ist es, was Leibniz so glücklich als 'prästabilierte Harmonie' bezeichnete."* – Der kürzeste Ausdruck dafür ist wohl: Welt und Mensch haben Anteil am gleichen Logos. Das kunstvolle „Buch der Natur“ ist mit dem Poetenwort des göttlichen Autors geschrieben. Und weil der Mensch durch den inneren Logos am Logos der Schöpfung Anteil hat, kann er dieses Buch mit offenen Augen, Ohren und Herzen hören, lesen, empfinden und bestaunen.

Der Logos als Grundlage aller Weisheit und Wissenschaft

Der innere Logos als der tiefste Grund und die eigentliche Ermöglichung alles „Lauschens“ auf die Welt ist somit auch die geheimnisvolle Grundlage aller Weisheit und Wissenschaft. Der „Karren“ der Wissenschaft wird im Tiefsten gezogen und vorangebracht durch die

Logos-Grundstruktur der Welt und des menschlichen Erkennens, durch das „Geeicht sein“ von Menschen und Welt durch den gleichen Logos.

Genial am inneren Logos des Menschen ist auch die Fähigkeit, unterschiedliche Teile des äußeren Logos zu kombinieren und sie dann wieder mit dem eigenen Leben und dem inneren Logos zu verbinden. Deshalb ist es auch sinnvoll und lohnend, Ergebnisse der Physik als „Keime“ von Lebensbotschaften zu hören.

Und nur weil wir Geist sind und Logos in uns tragen, können wir sinnvoll denken. Selbst das Nachdenken und Argumentieren gegen Gott ist nur aufgrund der von Gott verliehenen Denkfähigkeiten möglich! *John Lennox, der oben bereits mehrfach zitierte* Mathematikprofessor aus Oxford, sag: *„Die Tatsache, dass Wissenschaft (größtenteils) eine rationale Aktivität ist, führt uns zu einem weiteren Denkfehler Hawkings. Wie so viele Atheisten möchte er uns glauben machen, wir Menschen seien nichts als „bloße Ansammlungen der fundamentalen Partikel der Natur“. Dabei scheint er gar nicht wahrzunehmen, dass dies, wenn es zuträfe, nicht nur den Glauben an Gott unterminieren würde, sondern gerade die Rationalität, die wir brauchen, um Wissenschaft zu treiben. Wenn es wahr wäre, woher sollten wir das überhaupt wissen? Denn wenn das Gehirn nur das Endprodukt eines geistlosen, absichtslosen Prozesses wäre, dann gäbe es keinen Grund zu glauben, dass es fähig ist, uns die Wahrheit erkennen zu lassen.“*

Und zum Logos gehört auch das tiefe Wissen, „dass doch mehr dahinterstecken muss“. Durch den Logos wurde die Metaphysik sozusagen zur „Hefe der Wissenschaft“. *„Motor und Katalysator der Theoriendynamik sind die in allen Forschungsprogrammen wirksamen metaphysischen Hintergrundsüberzeugungen. Während der logische Empirismus metaphysische Ideen völlig auszuklammern versucht, sehen wir heute in ihnen ein sehr wesentliches Element der Theoriendynamik. Diese Einsicht ist eine der interessantesten Entwicklungen der modernen Wissenschaftstheorie. […] Die copernicanische Hypothese ist nicht aus der Erfahrung abgeleitet, sondern die Wiederbelebung der platonischen Idee der Harmonie und Schönheit der idealen Kreisbewegung. KEPLERs metaphysische Triebfedern offenbaren sich bereits in dem Titel seiner Werke „Mysterium cosmographicum“ und „Harmonices mundi“. FARADAYs Konzept, den Zusammenhang von elektrischen und magnetischen Erscheinungen aufzudecken, ist bestimmt durch Ideen der romantischen Naturphilosophie von der „inneren Einheit aller Naturkräfte“. Die Suche nach Extremalprinzipien bzw. Erhaltungssätzen ist* *metaphysisch geleitet von der Idee eines weisen, sparsamen Schöpfers bzw. der zuverlässigen Beständigkeit Gottes (LEIBNIZ)".*[113]

Harald Lesch, Professor für Astrophysik, Dozent für Naturphilosophie und „Fernsehstar" zugleich, sagte in einem Interview: *„Sind wir Naturwissenschaftler - und damit schließe ich auch alle Atheisten unter ihnen ein - denn nicht irgendwie alle auf der Suche nach Gott?"*

Der Logos und die „Welt die Möglichkeiten"

Die *„Welt der Möglichkeiten"* mit ihrer vielfältigen *Potenz* und ihrem *Akt* als jeweilige Realisierung haben wir oben bereits bedacht. Wir haben diese *Kontingenz* aber noch zu wenig bestaunt. Dass aus lauter Möglichkeiten oder Zufälligkeiten in den kleinsten Strukturen der Welt insgesamt eine Welt wird, die in vielen Bereichen berechenbar ist und nach Gesetzmäßigkeiten abläuft, ist für mich ein unfassbares Wunder. Dass der Logos sozusagen auch noch „gesichert" mit dem Zufall spielen kann – wir sprechen dabei so schön und zugleich etwas verlegen vom „objektivem Zufall" - macht ihn nicht etwa kleiner, sondern noch größer. Eine „Logos-Welt" einschließlich ihrer Kontingenz ist eine überaus großartige Welt!

Anton Zeilinger, der bekannte Pionier der Erforschung der Quantenverschränkung, kritisiert in „Einsteins Schleier. Die neue Welt der Quantenphysik" Wittgensteins ersten Satzes des Tractatus logico-philosophicus *„Die Welt ist alles, was der Fall ist"*. Zeilinger wertet Wittgensteins Welt-Definition als „naives Weltbild". Er möchte den Satz im Sinne der Quantentheorie um den Halbsatz *„…und auch alles, was der Fall sein kann"* erweitern.[114]

Nicht weniger wichtig ist es nun aber auch, die (sicher nicht unbegrenzte) Freiheit und Kontingenz des menschlichen Denkens und Entscheidens zu betonen. Haben uns doch so manche Vertreter der Hirnforschung einreden wollen, alles Denken und Entscheiden sei festgelegt und determiniert, Freiheit sei also nur eine Selbsttäuschung. Wie sich diese Ideologie dabei selbst ad absurdum führt, hat *Gottfried Gabriel* in seinem Aufsatz „Philosophen - Spezialisten fürs Allgemeine" überzeugend entfaltet:

---

[113] http://www.ekkehard-friebe.de/KUHN1984.htm

[114] Zeilinger, Anton: Einsteins Schleier. Die neue Welt der Quantenphysik, München 2003, S. 231. Damit hat Zeilinger in der Sachdebatte sicher recht, in der Kritik an Wittgenstein aber wohl nicht, denn dieser war durchaus gut informiert über die Quantenphysik seiner Zeit würde auch der Ergänzung gerne zustimmen. Siehe dazu: http://www.information-philosophie.de/?a=1&t=8401&n=2&y=5&c=29#_ftnref8

„Eine Bedingung der Möglichkeit, eine Einsicht als Erkenntnis ausgeben zu können, besteht darin, dass der Akt der Zustimmung als Anerkennung von Wahrheit gerade nicht determiniert ist.
Wenn die Anerkennung einer Aussage als wahr gehirnphysiologisch determiniert wäre, dann würden wir selbst gar nicht über die Wahrheit nach Gründen entscheiden, sondern es würde über uns hinweg entschieden, unsere Entscheidung wäre kausal verursacht. Dieses Ergebnis würde dann aber auch für die Determinismusbehauptung der Hirnforscher gelten. So wie ich determiniert wäre, ihre Behauptung als falsch zu verwerfen, wären sie selbst determiniert, sie als wahr anzuerkennen. Ein wirklicher Austausch von Argumenten mit dem Ziel, den anderen von der Wahrheit seiner Auffassung zu überzeugen, könnte demnach gar nicht stattfinden. Der Determinismus – zu Ende gedacht – hebt den Wahrheitsbegriff und damit auch seinen eigenen Wahrheits- und Geltungsanspruch auf. Er begeht einen so genannten performativen Widerspruch und führt sich damit selbst ad absurdum."[115] Die Freiheit im Denken und Entscheiden erst macht es auch sinnvoll, über die Verantwortung zu reden, die der Mensch für sich und die Welt trägt.

Ein neuer „Denkrahmen"

Das menschliche Denken ist zwar grundsätzlich durch den Logos ermöglicht, zugleich aber in einer erstaunlichen Weise frei. Wir können „Logos-gemäß" oder auch falsch, verzerrt oder „völlig daneben" denken. Wichtig für ein „Logos-gemäßes" Denken ist es, dass der Mensch in seinem denkerischen Konstruieren den Tatsachen und damit dem Logos um sich her Rechnung trägt. Hier könnte man von einer Spirale der Richtigkeit und Wahrheit reden: von den Fakten zur Philosophie, von dort zur besseren Deutung der Fakten, von dort wiederum zur Erkenntnis neuer Fakten usw.

Die neuere Physik treibt förmlich zur Philosophie. Ein wichtiges „Treibmittel" ist die Entdeckung zweier Welten, die so extrem verschieden sind: In der für uns sichtbaren und mit der Newtonschen Mechanik zu erklärenden Welt

- geht es deterministisch zu (alles ist festgelegt, lässt sich aus Ursachen ableiten und bei Kenntnis der Ursachen auch vorhersagen),
- es geht zeitsymmetrisch zu (alles Geschehen in der Welt könnte genauso gut rückwärts ablaufen),
- alles ist bestimmt und lässt sich messen.

In der Quantenwelt hingegen sind die Prozesse indeterministisch, zeitasymmetrisch (das Geschehen ist irreversibel) und unscharf. Zudem ist

[115] http://www.information-philosophie.de/?a=1&t=8459&n=2&y=5&c=29

selbst innerhalb der Quantenwelt vieles widersprüchlich: das Licht ist eben Welle und Teilchen zugleich. Das alles ruft nach neuen Deutungen…

Herbert Pietschmann spricht an vielen Stellen von dem *„neuen Denkrahmen"*, der gegenüber dem „mechanistischen Denken" nötig wurde, das seit dem 17.Jahrhundert geschaffen worden war und seither nahezu alles wissenschaftliche Denken beherrscht hatte. Dieser „moderne", inzwischen aber eben lange überholte Denkrahmen der Neuzeit ruhte auf vier Säulen:

- Alles messen (Galilei),
- Alles in kleinste Teile zerlegen (Descartes),
- Immer Entweder-Oder (Aristoteles),
- Für alles Ursachen finden (Newton).

Und genau dieser scheinbar so sichere Rahmen platzte plötzlich! Zwar haben viele den epochalen Wechsel immer noch nicht mitbekommen, weil gerade große Wahrheiten kaum als lauter Knall auftreten, sondern eher auf leisen Füßen daherkommen. Aber die leise Wahrheit setzt sich halt trotzdem immer mehr durch! *Herbert Pietschmann* fasst das Neue in wenigen Worten treffend zusammen: *„Die Erfolge von Naturwissenschaft und Technik beruhen auf dem mechanistischen Denkrahmen; er fordert Messen, Zerlegen, Widerspruchsfreiheit und Kausalität. Bereits am Beginn des 20. Jahrhunderts zeigte jedoch die Quantenphysik, dass dieses Denken allein nicht in der Lage ist, die Welt der Atome zu verstehen. Dazu bedarf es eines Denkrahmens, der zwar Messen verlangt, aber statt Zerlegen Ganzheitlichkeit, statt Widerspruchsfreiheit Komplementarität und statt Kausalität den objektiven Zufall einschließt."* Von Ganzheitlichkeit, Komplementarität und objektivem Zufall haben wir ja bereits mehrfach geredet. Zum Logos-gemäßen Denken gehört aber auch, Einzelbilder zu einem Gesamtbild zu verbinden. Für den neuen Denkrahmen ist das besonders wichtig, weil erst mit dem Verständnis des neuen Gesamtkonzeptes das ganze Ausmaß des Neuen deutlich wird: es hat die Qualität des Revolutionären, des „Befreiungsschlages".

Die Welt als Information und Kommunikation

Bisher haben wir den Logos mehr in seiner Bedeutung als Gesetz und Symmetrie, als innere und äußere Logik und Übereinstimmung bedacht. Aber die fundamentalste Bedeutung von Logos ist und bleibt „Wort"!

Die Schöpfung, die uns umgibt und die wir selbst sind, besitzt Wort-Charakter. Sie ist göttliche „Weltpoesie". Und die Welt ist nicht nur durch Gottes Wort geschaffen worden, dieses Wort ist weiter in Aktion. Gott *„trägt das Weltall durch sein Allmachtswort"* (Hebräer 1,3; Menge-Übersetzung). Die Schöpfung ist in der Folgezeit nicht in eine Wortunabhängige Daseinsform übergegangen. Das Wort ist die immaterielle „Trägersubstanz" der Welt. Und das Wort ist ein Mittel der ständigen Information und Kommunikation. Auch hierzu gibt es erstaunliche Neuentdeckungen der Physik:

„Verschränkung", „informatives Universum" und „Energie als Information"

Dass Quantenobjekte „verschränkt" sein können, wurde schon 1935 von Schrödinger beschrieben. Es ist experimentell nachgewiesen, dass quellidentische Teilchen auch über große Entfernungen hin stets gleichzeitig das Gleiche „tun". Und dass Verschränkung nicht nur zwischen quellidentischen Teilchen vorliegen können, weiß man inzwischen auch. Der Spiegel brachte unter der Überschrift *„Einsteins Spuk ist Tausende Male schneller als das Licht"* die Leitsätze: *„Wie schnell ist sofort? Physiker haben diese Frage jetzt in einem Experiment untersucht. Ergebnis: Der mysteriöse Informationsaustausch zwischen verschränkten Photonen, von Einstein als "spukhafte Fernwirkung" verspottet, ist 10.000-mal schneller als das Licht. Mindestens."*[116] Ich frage mich allerdings, ob es überhaupt sinnvoll ist, an dieser Stelle noch von einer Geschwindigkeit zu reden und die Naturkonstante Lichtgeschwindigkeit um das 10.000-fache toppen zu wollen. Weit überzeugender finde ich das, was *Anton Zeilinger* im Interview mit der Wiener Zeitung sagte und von einem ganz anderen Denkmodell als der Übertragung in einer bestimmten Geschwindigkeit ausgeht: *„Wenn man ein Teilchen misst, nimmt es bei der Messung eine Eigenschaft an, und das andere, beliebig weit weg, nimmt im selben Moment ebenfalls die entsprechende Eigenschaft an, obwohl zwischen den Teilchen keine Verbindung besteht. Man kann dafür keine Erklärung geben im Rahmen des üblichen Weltbildes. Das ist ein rein quantenphysikalisches Phänomen. Mathematisch kann man es hervorragend beschreiben, es ist kein Problem der Theorie. Das Problem ist das konzeptive Verständnis: Was erzählt uns das über die Welt? Eine Entwicklungsrichtung besagt, wichtiger als die Konzepte Raum und Zeit sei das Konzept der Information, und Information ist offenbar unabhängig von Raum und Zeit. Das heißt, die Information liegt vor, dass die beiden Systeme gleich sein müssen, auch wenn sie vor der Beobachtung noch keine vordefinierten Eigenschaften besitzen und obwohl sie keine Verbindung haben. Für mich deutet das in die Richtung, dass Information fundamentaler ist als alle anderen Konzepte. Schon das Johannes-Evangelium beginnt mit "Am Anfang war das Wort". Das kann*

---

[116] http://www.spiegel.de/wissenschaft/mensch/mysterioeses-quantenphaenomen-einsteins-spuk-ist-tausende-male-schneller-als-das-licht-a-572068.html

ich auch mit Information übersetzen.“[117] – Den Johannesprolog „Im Anfang war das Wort“ hörten wir oben schon von Heisenberg zitiert und als Symmetrie gedeutet. Und nun erscheint der Johannesprolog als Deutungsmuster für die Verschränkung, der Logos als Information. Bibelauslegung in der modernen Physik!

Dass dies ein gründliches Umdenken im Blick auf unsere Vorstellung von der Welt bedeutet, ist klar.
Carl Friedrich von Weizsäcker sagte: *„Der abstrakte Aufbau der Quantentheorie legt nah, die Information als das Zugrundeliegende und insofern als die Substanz aufzufassen.“* Das „informative Universum“[118] ist eine sehr sinnvolle Überschrift über unserer Welt!

Auch dass Information und Energie zwei Seiten einer Medaille sind, wird in der biblischen Lehre von der Schöpfung durch das Wort bereits deutlich – und heute von der Physik bestätigt! Der Rostocker Physikprofessor *Lienhard Pagel* schließt sein Buch „Information ist Energie“ mit dem Resümee: *„Stellt man sich die Welt aus Quantenbits bestehend vor, dann ist ein grundsätzlicher Unterschied zwischen Information und Energie nicht mehr feststellbar. Beide Begriffe bezeichnen nur unterschiedliche Sichtweisen auf ein und dasselbe Objekt.“* Und im Schlusssatz sagt er, *„dass Information immer etwas mit Energie zu tun hat: gesellschaftlich, physikalisch, informationstechnisch.“*[119] - Es wäre schön, wenn das vorliegende Buch mit seinen Informationen in Energie zu neuem Denken und Glauben umgewandelt würde!

Der Logos als Ermöglichung allumfassender Kommunionalität

Die mitunter aufgestellte Behauptung, dass es aufgrund der Verschränkung gar keine einzelnen Dinge mehr gäbe, ist allerdings einseitig und überzogen. Die Quantenmechanik würde sonst auch ihren eigenen Voraussetzungen widersprechen, geht sie doch sehr wohl von den einzelnen Quanten aus. Vielmehr ist sowohl das Einzelne als auch die Bedeutung der Information zwischen den einzelnen Bestandteilen und ihr Zusammenwirken als ein Ganzes in den Blick zu nehmen. Und dafür muss das Stichwort „Information“ erweitert werden durch das Stichwort „Kommunikation“. Das gilt von den Elementarteilchen bis zu den

[117] http://www.wienerzeitung.at/themen_channel/wissen/natur/506880_Das-Loch-im-Verstaendnis-der-Welt.html

[118] Siehe: Baeyer, Hans Christian von: Das informative Universum: das neue Weltbild der Physik, München 2005.

[119] Pagel, Lienhard: Information ist Energie. Definition eines physikalisch begründeten Informationsbegriffes, Wiesbaden 2013, S. 168

Galaxien! Die Welt ist ein großes Kommunikationsgeschehen auf vielen Ebenen, der Mensch der „große Lauscher“ inmitten der vielen unterschiedlichen Stimmen und Redeweisen. Hierzu soll ein Text aus meinem Buch „Theologie als Lobgesang“ (mit Ulrich Wilckens) zitiert werden, der uns zugleich weiterleitet zur allumfassenden göttlichen Dimension des Logos, die wir im Schlusskapitel „Gott lässt grüßen“ noch näher bedenken werden:[120]

Die Welt als Sprachschöpfung
ist ein umfassendes und komplexes
Kommunikationsgeschehen.
Sie lebt „vom Primat des Logos in allem, was ist“,
sie ist „gesprochenes Sein“,
„sprechendes Sein“ und „kommunizierendes Sein“.[121]

Nicht nur der Mensch kann
„nicht nicht kommunizieren“[122]*.*
Die gesamte Schöpfung ist ein gewaltiges
und immerwährendes kommunikatives Geschehen,
ist durch den Logos ein großer „Dia-logos“.

Der Regenwald kommuniziert mit den Wolken,
die Blume mit der großen Sonne
und mit der kleinen Biene,
Elementarteilchen und Galaxien
sind nicht einsam und stumm.

Die schier unendliche Zahl der geschaffenen Wesen,
steht durch den Logos über alle Unterschiede
und Begrenzungen hinweg in Kommunikation.
Alle leben so in einer großen Kommunionalität.

Die Schöpfung schweigt auch uns Menschen nicht an,
sondern redet beständig zu uns,
vermag uns zwar nicht alles über Gott zu sagen
und verrät uns nicht den Weg zum Heil,
aber sie flüstert und ruft uns vieles zu über sich selbst
und die Größe und Schönheit ihres Schöpfers.

---

[120] Wilckens, Ulrich/Gunther Geipel: Theologie als Lobgesang. Eintauchen in die Tiefe und Weite der Anbetung, Hannoversch Münden 2015, S. 23f.

[121] Paul-Werner Scheele

[122] Paul Watzlawick

„Die Himmel erzählen die Ehre Gottes,
und die Feste verkündigt seiner Hände Werk.
Ein Tag sagt's dem andern,
und eine Nacht tut's kund der andern."[123]

Das kunstvolle „Buch der Natur"
ist mit dem Poetenwort des göttlichen Autors geschrieben.
Und weil der Mensch durch den inneren Logos
am Logos der Schöpfung Anteil hat,
kann er dieses Buch mit offenen Augen, Ohren und Herzen
hören, lesen, empfinden und bestaunen:

„Wenn ich, o Schöpfer, deine Macht, die Weisheit deiner Wege,
die Liebe, die für alle wacht, anbetend überlege:
so weiß ich, von Bewundrung voll, nicht, wie ich dich erheben soll,
mein Gott, mein Herr und Vater!"[124]

Störung und Zerstörung. Das Chaos und das Böse in der Welt

Aber auch das müssen wir nüchtern sehen: es ist nicht mehr alles harmonisch, schön und gut. Wir sehen Chaos neben dem Logos. Wir stoßen auf eine Natur, die sich in einem Zustand der Störung und Zerstörung befindet...Hierzu noch ein kurzer Text „Theologie als Lobgesang":[125]

Im Vernehmen der lauten und leisen Notschreie der Schöpfung
und im Licht der göttlichen Offenbarung
müssen wir aber auch schockiert erkennen:
die Natur befindet sich in einem Zustand
der Störung und Zerstörung.

Da ist nicht mehr nur gute Harmonie,
sondern auch böses Chaos,
da ist nicht nur die Einheit im Gegensatz,
sondern Zertrennung und bittere Feindschaft.
Da ist die Sünde hereingebrochen;
und mit ihr Leid, Schmerz und Tod.

---

[123] Psalm 19,1f

[124] Christian Fürchtegott Gellert

[125] Wilckens, Ulrich/Gunther Geipel: Theologie als Lobgesang. Eintauchen in die Tiefe und Weite der Anbetung, Hannoversch Münden 2015, S. 27.

Wir empfinden den Schmerz
in den Tälern des eigenen Leides,
wir hören an vielen Stellen das Stöhnen der Kreatur
und vernehmen ihren dringenden Ruf nach Erlösung.

Wir stöhnen über unsere eigene Sünde und Schuld,
wir erkennen und bekennen:
auch wir haben zerstört,
auch wir brauchen Erlösung
aus dem Elend unserer Schuld
und von ihren grausamen Folgen.

Die Botschaft des Logos im Telegrammstil

Die Welt als Kosmos ist geprägt vom Logos als Gesetzmäßigkeit und als Zweckmäßigkeit des Einzelnen innerhalb des Ganzen. Sie ist geprägt vom Logos in seiner mathematischen Dimension, in seiner symmetrischen Dimension, in seiner ganzheitlich-emergenten Dimension. Das „Spiel des Logos mit der Kontingenz" macht alles noch erstaunlicher. Der gleiche Logos in der gesamten Schöpfung und im Menschen ermöglicht es, dass Mensch und Natur aufeinander abgestimmt und „kompatibel" sind, sich in einer „prästabilierten Harmonie" begegnen. Alle Weisheit und Wissenschaft sind nur dadurch möglich. Ein Logos-gemäßes Denken in der Physik verlangt heute statt Zerlegen Ganzheitlichkeit, statt Widerspruchsfreiheit Komplementarität und ergänzend zur Kausalität den objektiven Zufall. Auch ist der Logos der bleibende Grund für unser „informatives Universum", für die Verschränkung und eine vielgestaltige Kommunikation, ja für die allumfassende Kommunionalität der Welt und für das enge Band zwischen Energie und Information. - Allerdings gibt es auch schlimmes Chaos neben dem wunderbaren Logos: eine Natur, die sich in einem Zustand der Störung und Zerstörung befindet.

11. Die Botschaft der Beziehungen: Verbunden, verstehend und verantwortlich

Dieses vorletzte Kapitel ist die Kurve vor dem Ziel und zugleich schon ein Teil der Zielgeraden unseres Buches.

Ein großes Beziehungsgeflecht

Wir haben gesehen, dass der Mensch als Beobachter auf geheimnisvolle Weise mit bestimmt, was in der Quantenwelt beobachtet wird: ob Welle oder Teilchen – das liegt an uns! Damit ist eine ganz enge Beziehung zwischen uns Menschen und unserer Umwelt gegeben, aus der wir uns überhaupt nicht herauslösen können. Was wir tun, halt Folgen für die Welt um uns her– selbst wenn wir sie nur beobachten! Die Welt wird vom Menschen beim Bobachten und Tun jeweils ein Stück mit geschaffen.

Dass die Umwelt und wir selbst in einer engen Beziehung zu Gott stehen, wird beim „Glaubenssprung“ klar: als Geschöpfe verdanken wir IHM als dem Schöpfer alles; und wir sind bleibend von IHM abhängig.

Dass wir Menschen auch die Beziehung zu anderen Menschen stehen und diese dringend brauchen, muss nicht lange erläutert werden. So ist alles ein großes Beziehungsgeflecht und ein großer Kommunikationszusammenhang.

Wir haben auch bereits gesehen, dass auch Naturwissenschaft und Glaube als unterschiedliche Wahrnehmungsweisen von Wirklichkeit in einer Beziehung zueinander stehen. Der bekannte Schweizer Professor für Astrophysik *Arnold Benz* beschreibt diese Beziehung in „Die Zukunft des Universums“ sehr schön:[126] trotz der Unterschiede ist ein *„Übergang von der einen auf die andere Ebene“* möglich und auch notwendig (197). *„Die naturwissenschaftlichen Fakten werden so ins Verhältnis zu Glaubensinhalten auf der religiösen Ebene gesetzt“* (153). Und damit entsteht eine großes Beziehungsgefüge: *„Die religiöse Wahrnehmung“* ist *„eine vom Glauben gewirkte andere Sicht der Wirklichkeit. Die neue Sicht ist relational: Sie schafft eine Beziehung zwischen dem Betrachter, dem Objekt und Gott, und fügt auf diese Weise den Menschen in umfassendes Ganzes ein“*, und das *„einschließlich einer transzendenten Dimension“*. (197 f.)

Gegen einen anderslautenden Meinungstrend behaupte ich: Wir haben es heute mit dem Glauben an Gott und im Umgang mit der Bibel nicht schwerer als frühere Generationen, sondern besser. Und dass man heute mit weit mehr Grund von einem fundamentalistischen „Atheismuswahn“ statt von einem vermeintlichen „Gotteswahn“ reden kann,[127] lässt sich im Rahmen des aktuellen „Trialogs“ zwischen Naturwissenschaft, Theologie und Philosophie mit guten Argumenten zeigen.[128]

---

[126] Benz, Arnold: Die Zukunft des Universums. Zufall, Chaos, Gott?, München 2001

[127] McGrath, Alister - McGrath, Joanna Collicutt: Der Atheismus-Wahn. Eine Antwort auf Richard Dawkins und den atheistischen Fundamentalismus, Asslar 2007. Sie auch die Rezension von Godehard Brüntrup SJ: http://www.con-spiration.de/texte/2008/bruentrup.html

[128] Dieser „Trialog“ konnte im vorliegenden Buch nur in Ansätzen dargestellt werden. Umfangreichere Informationen dazu bieten die Literaturhinweise am Ende des Buches.

Beziehungsontologie

Wenn aber alles miteinander im Zusammenhang steht und das Ganze mehr ist als seine Teile, lässt sich das Einzelne auch nicht mehr isoliert einigermaßen vollständig definieren. Es ist seinem Wesen nach immer mehr als das Einzelne! Hierfür gefällt mir das Stichwort der „Beziehungsontologie“: das Sein und Wesen des Einen kann jeweils nur in Relation zum Andren bestehen. Und es kann auch nur im Verbund verstehend erfasst werden. Konkret heißt das:

- Vom Kleinsten bis zum Größten braucht Eins das Andere, um zu sein und um verstanden zu werden. Ein Elektron ohne Proton zu definieren, ein Atom oder eine Galaxie ohne ihre Bestandteile: es wäre immer nur sehr unzureichend möglich!
- Auch der Mensch ist (weithin) nur im Zusammenhang mit der Welt und die Welt (weithin) nur im Zusammenhang mit dem Menschen zu verstehen.
- Wir Menschen lernen uns selbst erst durch die Ansprache des anderen Menschen tiefer und besser kennen. *Franz Rosenzweig* ("Der Stern der Erlösung"), *Martin Buber* ("Ich und Du") und *Ferdinand Ebner* ("Das Wort und die geistigen Realitäten") haben das einst fast zeitgleich und großartig in ihrer „Ich-Du-Philosophie“ entfaltet.
- Welt und Mensch sind in ihrem tiefsten Kern und Wesen grundsätzlich nur im Zusammenhang mit Gott zu verstehen: als Geschöpf Gottes, der Mensch sogar als Ebenbild Gottes!

Nicht nur erklären, sondern verstehen

„Die Natur erklären wir, das Seelenleben verstehen wir.“[129] Mit diesem Satz hat *Wilhelm Dilthey* für seine Zeit den Unterschied von Natur- und Geisteswissenschaften auf den Punkt gebracht. Ein trauriges Resümee! Auch die Natur kann man verstehen, wenn man sie in ihrer „Beziehungsontologie“ erfasst hat: als „Mitwelt“, als „Buch des Schöpfers“, als „Botschaft in anderer Sprache“, die aber zumindest teilweise in menschliche Sprache übersetzt werden kann.

Erst die Natur, die wir verstehen, kann uns zum Ratgeber werden, zum Wegweiser, zum Weisheitslehrer. Im Blick auf die Wissenschaft aber formulierte der Philosoph *Bruno Liebrucks*: *„Natur wird heute nicht mehr ‚um Rat‘ gefragt, wie die Zeugen, sondern wie ein Angeklagter ausgefragt.“* Dass die Pflege der „Natur“ und die Liebe zum „Natürlichen“ inzwischen wieder einen hohen Stellenwert im Lebensgefühl vieler Menschen bekommen hat, ist zwar erfreulich. Dass aber der

[129] Dilthey, W., Gesammelte Schriften, Leipzig und Berlin 1923-1926, Band V, S. 144

wissenschaftliche und außerwissenschaftliche Umgang mit der Natur noch immer wenig auf Hören und Verstehen ausgerichtet ist, sehe ich nach wie vor als großen Mangel.

Vor diesen Hintergrund wirkt übrigens *Richard Dawkins* Statement auf dem Einband von *„Der Gotteswahn“* mehr als merkwürdig: *„Ich bin ein Gegner der Religion. Sie lehrt uns, damit zufrieden zu sein, dass wir die Welt nicht verstehen."* Neben der Blindheit für die Glaubensdimension als tiefster Grund und höchste Antwort ist *Dawkins* sogar für den verstehenden Ansatz der Geisteswissenschaften – und erst recht der Naturwissenschaften! - blind. *„Dawkins zeigt ein naives Wissenschaftsverständnis. Wissenschaft ist für ihn nur Naturwissenschaft. Die Prinzipien und Methoden der Geisteswissenschaften sind ihm offensichtlich nicht einmal bekannt. So ist für ihn Erkenntnis eigentlich nur naturwissenschaftliches "Erklären" und nicht geisteswissenschaftliches "Verstehen". Unfreiwillig komisch ist daher der Untertitel auf dem Einband: "Ich bin ein Gegner der Religion. Sie lehrt uns, damit zufrieden zu sein, dass wir die Welt nicht verstehen." Denn Dawkins bemüht sich jedenfalls nicht, die Welt zu verstehen, er sucht sie zu erklären, was auch ein legitimes Anliegen ist, aber natürlich nur ein begrenzter Zugang zur Welt.“* [130]

Schöpfung als Anrede

Martin Seel spricht in seiner „Ästhetik der Natur“[131] von drei Dimensionen der Wahrnehmung, die sich bei einer ästhetischen Erfahrung des „Naturschönen“ verbinden: der kontemplativen, der korresponsiven und der imaginativen Wahrnehmung. Leider kritisiert er aber gerade die tiefste Erfahrung dabei: im Vergänglichen das Unvergängliche zu schauen (S. 78).

Unter dem Vorzeichen der „Beziehungsontologie“ dürfen wir die Schönheit der Natur auf dreifache Weise auf uns wirken lassen,

- indem wir innerlich zur Ruhe kommen und die Schönheit staunend und wortlos genießen und in der Schöpfung den Schöpfer empfinden (Kontemplation),
- indem wir dem vielfältigen Gespräch in der Natur lauschen und uns im Gotteslob daran beteiligen (Kommunikation)

[130] Manfred Lütz: Missionarischer Atheismus. Richard Dawkins Bestseller "Gotteswahn" mutet wie der Kreuzzug eines Blinden gegen die Farbe an. In: Die Welt, 13.10.07 . http://www.welt.de/welt_print/article1261641/Missionarischer-Atheismus.html

[131] Seel, Martin: Eine Ästhetik der Natur, Frankfurt/M. 1991

- und indem wir innere Bilder und Ideen als Kraft und Orientierung empfangen (Inspiration).

Für den frommen Aufklärer *Johann Georg Hamann* (1730-1788) ist die Schöpfung *„Rede an die Kreatur und durch die Kreatur".* Im Anschluss daran und angesichts des ebenfalls von Hamann beklagten Hörverlustes sagt *Heinzpeter Hempelmann*: *„Die Zerstörung der ursprünglichen Sprache der Schöpfung werden wir nur da überwinden, wo wir zu einer demütigen und was dem entspricht erkenntnistheoretisch offenen Wahrnehmungshaltung zurückkehren und nicht der Natur unsere Begriffe überstülpen, sondern ihr Diener sein wollen, bereit sind, sie reden, ausreden zu lassen, ihr Lob des Schöpfers zu hören und in ihr Lob seiner Herrlichkeit einzustimmen."*[132]

Und der Tübinger Professor *Oswald Bayer* ermutigt in „Schöpfung als Anrede"[133] dazu, das Reden Gottes durch die Schöpfung neu vernehmen und verstehen zu wollen und damit auch die Trennung zwischen verstehender Geschichtswissenschaft und erklärender Naturwissenschaft überbrücken zu helfen.

Wichtig ist die Sicht Hamanns, Hempelmanns und Bayers für unser grundlegendes Lebensgefühl und die Art der christlichen Frömmigkeit. Wir werden eben nicht isoliert und „weltlos", weil uns Gott samt allen Kreaturen gerade durch die Schöpfung anspricht. Das bedeutet keinesfalls eine Anpassung an die „Welt" im negativen und sündhaften Sinne (und eine „Verweltlichung" der Kirche), sondern die Offenheit und Freude und Hörbereitschaft gegenüber der „Welt" im Sinne der Schöpfung.[134]

Bayer sieht jedoch auch, dass die Naturbetrachtung verwirrend wirken kann. Und in der Tat: von ihrer ungestümen und grausamen Seite her könnte die Natur auch als Verweis auf einen grausamen Gott verstanden werden. Der Menschen kann durch die unbändige Kraft der Natur zur Verwüstung oder zur Anbetung der Natur verführt werden. Gleichzeitig steht der Mensch dann aber vor der lastenden Aufgabe, selbst eine Wende herbeizuführen und sozusagen die Welt retten zu müssen, womit er sich aber vollständig übernimmt. Deshalb sieht Bayer klar und nüchtern, dass die Natur in sich selbst nicht genügt, um uns so anzureden, dass wir sie

---

[132] http://heinzpeter-hempelmann.de/hph/wp-content/uploads/2013/01/werte.pdf, S. 43

[133] Bayer, Oswald: Schöpfung als Anrede: zu einer Hermeneutik der Schöpfung, Tübingen 2., erweiterte Auflage 1990

[134] Mit dieser fröhlichen Weltbejahung *„unterscheidet sich Hamann von Kierkegaard, der viel von ihm gelernt hat [...] Während Kierkegaard sich ins Christentum einübt, indem er sich von allem Weltlichen abstößt, nimmt Hamann in seiner Ästhetik alles Weltliche wahr, übt er sich in alles Weltliche ein."* (*Oswald Bayer*)

richtig verstehen. Erst das Christuswort, die Zusage Gottes in der Bibel, kann uns die Welt als Gabe göttlicher Liebe erschließen und zum Bestaunen und zum Lob des gütigen Schöpfers ermächtigen.

Das Herrenmahl (Heiliges Abendmahl) ist für Bayer das großartige Beispiel dafür, wie aus der Schöpfung als Gabe (Brot und Wein) unter dem heilschaffenden, zusagenden Wort Gottes etwas im Tiefsten Heilsames wird.

Die Welt als Gleichnis und Vorstellungshilfe

Gleichnisse helfen uns, ausgehend von Bekanntem Neues zu entdecken oder das Bekannte unter einer anderen Perspektive zu sehen. Und die Welt ist voller Gleichnisse. Sie birgt auch viele Vorstellungshilfen für die Welt des christlichen Glaubens. Gerade die neuere Physik bietet uns viele Gleichnisse und Vorstellungshilfen, von denen hier nur drei angedeutet seien:

Ist die Riesenzahl der geradezu allgegenwärtigen Photonen im ganzen Universum nicht ein schönes Gleichnis für die Allgegenwart Gottes?! Auch physikalische Felder können die Allgegenwart Gottes veranschaulichen, nicht zuletzt das oben erwähnte Higgs-Feld, welches im ganzen Universum allgegenwärtig ist.

Ist die Gewichts-Abhängigkeit der Quarks und Elektronen von den Higgs-Bosonen nicht ein großartiges Gleichnis für die Tatsache, dass man auch als Mensch sein „innere Gewicht“, seine „Wichtigkeit“ und seinen Wert von außen bekommt: von Gott und von den Mitmenschen, denen man zugeordnet ist, von denen man geliebt wird und die man wieder lieben kann?

Sind die „Schlupfkünste“ der Neutrinos nicht ein schöner Anschauungsunterricht dafür, dass es dem auferstandenen Jesus in seinem neuen Auferstehungsleib problemlos möglich war, durch verschlossene Türen zu gehen?!

Gott in Beziehung

Wir haben oben von der „Beziehungsontologie“ gesprochen und gesagt, alles in unserer Welt und auch wir selbst können jeweils nur in Relation zum Andren bestehen und verstehend erfasst werden.
Besonders spannend ist nun, dass auch Gott gleich ganz am Anfang der Bibel von der Welt her beschrieben wird. Der einzige Grund für die Welt ist Gott - und folgerichtig kommt er gleich im ersten Satz der Bibel vor. Und erstaunlicherweise wird dieser in sich ruhende und von der Welt völlig unabhängige Gott für unser Verstehen dabei als „Synsemantikon“

eingeführt: das Wort „Gott" wird durch den Kontext erläutert, in dem es steht. Konkret: Was und wie Gott ist, wird an dem deutlich, was er tut: er schafft Himmel und Erde aus dem Nichts. „Gott" wird verdeutlicht, indem seine Werke erzählt werden. Von Anfang an wird uns also auch Gott „in Beziehung" gezeigt – und die ganze Bibel ist eine Einladung zu guten Beziehungen: mit Gott, zu sich selbst, mit den Mitmenschen und mit der Welt.

Die Verantwortungsfrage

Wissen ist Macht

Zur Jahrtausendwende konnte man bei dem amerikanische Physiker *Michio Kaku* lesen: *„Wir werden von passiven Betrachtern der Natur zu ihren aktiven Choreographen...Das Zeitalter des Entdeckens geht zu Ende, und die Epoche des Beherrschens beginnt."* [135] Kommt jetzt endlich die neue Epoche, von der Francis Bacon einst geträumt hatte? Der Staatsmann und Philosoph *Francis Bacon* hatte in *„Nova Atlantis"* seinen Traum von einer konfliktfreien Gesellschaft beschrieben. Francis Bacon war zugleich einer der entscheidenden theoretischen Wegbereiter der experimentellen Naturwissenschaft. Er prägte den Satz: *"Wissen ist Macht"* im Sinne der Naturbeherrschung. Und diese Naturbeherrschung hatte eben das Ziel der Menschheitsbeglückung. *„Die Herrwerdung des Menschen über die Natur würde in eins fallen mit der Stunde der Wiederkehr des Paradieses."* (*Günter Rohrmoser*)

Das Blendlicht des Erfolges

Im 19. Jh. steigerte sich das Vertrauen in die Wissenschaft bis zu der Erwartung, nun bald alles über Vergangenheit und Zukunft zu wissen und das „Ganze" vollständig erkennen zu können. Ein kurzer Blick in diese Etappe der Wissenschaftsgeschichte, die unter den Namen *„dynamischer Determinismus"* bekannt ist, lässt den grenzenlosen Optimismus verstehen: *„Man kann zusammenfassend die Ergebnisse als Dynamischen Determinismus bezeichnen...Laplace hat ihn klassisch beschrieben: Ein hinreichend umfassender Intellekt kennt bei gegebenem Weltquerschnitt auf Grund der notwendigen Abfolge sowohl die vergangenen als auch die zukünftigen Zustände des Universums. Der menschliche Geist stellt ein schwaches Abbild dieser Intelligenz dar (Œuvres IV, 10). Hier feierte die klassische Naturwissenschaft im 19. Jh. denn auch ihre größten Triumphe [...]Nun hatte... Giuseppe Piazzi in Palermo schon am 1. 1. 1801 einen Planetoiden, den er Ceres nannte,...entdeckt! Aber: Ceres tauchte im Licht der Sonne unter und ging so wieder verloren. Im September des Jahres*

---

135 Kaku, Michio: Zukunftsvisionen. Wie Wissenschaft und Technik des 21. Jahrhunderts unser Leben revolutionieren. München 2000, S. 17.

machte sich Carl Friedrich Gauß in Göttingen an die Arbeit. Eine Gleichung 8. Grades war zu lösen; bekannt waren wenige Beobachtungsdaten. Die Vorausberechnung der Bahn gelang. Am Silvestertag konnte Franz Xaver Zach (Direktor der Sternwarte Gotha) den kleinen Stern (18. Größe) im Fernrohr wiedersehen. Dieser Vorgang der Planetenauffindung wiederholte sich in ganz ähnlicher Weise noch öfter. Die Prognosefähigkeit naturwissenschaftlicher Aussagen erweist sich hier deutlich als Verifikationskriterium. Die Astronomie „leistet das, was von jeher Sehnsucht des Menschen war: sie lüftet den Schleier, der über der Zukunft gebreitet ist, sie verleiht ihren Jüngern die Gabe der Prophetie" (Born, Relativitätstheorie 56). Erst jüngste Entwicklungen in der Physik lassen das zu einer Art Mythos werden ..."[136]

Man kann also ein Stück verstehen, dass diese „prophetischen Fähigkeiten" der Wissenschaft begeisterten. Und diese Begeisterung macht es noch heute manchem schwer, die Hilfsbedürftigkeit der Naturwissenschaft als den anderen Pol anzuerkennen. Und obwohl sich im 20. Jahrhundert der Allwissenheitstraum als Blendlicht erwies, sind auch noch im 21. Jahrhundert viele davon verblendet. Wir sind noch immer umgeben von manchem Siegestaumel über den wissenschaftlichen Fortschritt und vom Wissenschaftsutopismus.

Wir sind nach vielen Technik-und Gesellschaftskatastrophen aber auch zunehmend umgeben von Resignation und von „schwarzen Utopien". Die nukleare Gefahr, die ökologisch begründete Zunahme der Naturkatastrophen, die Chancen und Gefahren der Gentechnik und die durch die fortschreitende Technisierung stark veränderte Lage auf dem Arbeitsmarkt beschäftigen und bedrängen uns. *„Diese Geschichtsepoche der Neuzeit, an deren Anfang Bacons Utopie einer Wiederherstellung des Paradieses steht, neigt sich jetzt dem Ende zu. Viele Menschen sehen die Zukunft eher in ein apokalyptisches Licht getaucht. Endzeitgefühle und -stimmungen suchen uns heute heim, nicht die euphorische Stimmung der aufbrechenden Menschheit am Beginn der Neuzeit. Es ist die Epoche der organisierten und fortschreitenden Beherrschung der Natur durch den Menschen, die heute an ihr Ende gelangt und der in der Ökologiekrise die Rechnung serviert wird."* (*Günter Rohrmoser*) Dass die Jagd nach einer möglichst umfassende Naturbeherrschung gerade nicht zur großen Menschheitsbeglückung geführt hat, muss doch zu denken geben!

Der Jenaer Professor für Naturphilosophie *Bernd-Olaf Küppers* möchte zwar noch immer - von Bacons Leitgedanken *"Wissen ist Macht"* ausgehend- das wissenschaftliche Denken zum Maßstab aller Dinge

[136] Theologische Realenzyklopädie (TRE) Bd. 24, S. 193, Z. 4ff

machen. Sein programmatischer Buchtitel heißt: *„Nur Wissen kann Wissen beherrschen“*[137]. Und das ist teilweise ja auch nicht von der Hand zu weisen: im normalen Alltag und auch bei komplizierten technischen Prozessen wird Wissen mit Wissen beherrscht. Genügt aber technisches Wissen, um die Technik lebensfördernd einzusetzen und Technikkatastrophen zu vermeiden? Merkwürdigerweise meint Küppers, die eigentliche Gefahr für die Gesellschaft sei ein Übermaß an Moral und Glaubensgrundsätzen. Ein Verzicht auf Werte und der Ausgleich des Wertverlustes durch wissenschaftlich gesicherte Erkenntnisse führen nach seiner Meinung in einer aufgeklärten Gesellschaft endlich zu uneingeschränkter Freiheit. - Bei einem Rezensenten habe ich dazu gefunden, was auch ich empfinde: *„Vor einer solchen Freiheit fürchte ich mich.“* Das Verfügungswissen der Wissenschaft im Verbund mit der Technik hat doch bereits zu allerhand Umwelt- und Selbstzerstörung geführt. Wo nicht zugleich ein ausreichendes Maß an Orientierungswissen vorhanden ist, ist die Gefahr groß. Und dieses Orientierungswissen kann sich die Naturwissenschaft eben nicht selbst geben.

Der wie *Küppers* ebenfalls einst in Jena lehrende Theologieprofessor *Michael Trowitzsch* vertrat schon vor Jahren eine kritische Position gegenüber der Technik. Er knüpfte an die Technikkritik Martin Heideggers[138] an und forderte den Menschen um seiner Selbsterhaltung willen auf, auf gefährliches Wissen und zerstörerisches Machtstreben zu verzichten.[139]

Dabei soll von meiner Seite her keiner radikalen Wissenschafts- und Technikkritik das Wort geredet werden. Die Technik und die Freuden an der Technik - ich schreibe diese Zeilen auch lieber am Laptop als dass ich sie in Stein meißeln würde- müssen jedoch mit einer nüchternen und besser zu vorsichtigen Risikoabschätzung verbunden sein - und der Würde des Menschen untergeordnet bleiben.

---

137 Küppers, Bernd-Olaf: Nur Wissen kann Wissen beherrschen: Macht und Verantwortung der Wissenschaft, Köln 2008

138 Heidegger, Martin, In: Der Spiegel, Nr. 23, 1976, „Nur noch ein Gott kann uns retten“. SPIEGEL – Gespräch mit Martin Heidegger am 23. Sep. 1966. 193-219.
Seubold, Günter: Heideggers Analyse der neuzeitlichen Technik, Freiburg (Breisgau), München 1986.

139 Trowitzsch, Michael: Technokratie und Geist der Zeit. Beiträge zu einer theologischen Kritik, Tübingen 1988.

Was zur Wissenschaft das Gewissen schafft

Naturwissenschaft ist einerseits eine großartige und leistungsfähige Möglichkeit, die dem Menschen in vielen Lebensbereichen dienen kann. Sie ist aber eben nicht allwissend und allmächtig. Sie ist sogar eine gefährliche und ethisch zu schützende Betätigung des Menschen. Deshalb bedarf die Naturwissenschaft der Ergänzung und der Orientierung von außerhalb ihrer selbst.

Bereits *Novalis* (1722-1801) schrieb den großartigen Satz: *„Wenn die Menschen einen einzigen Schritt vorwärts tun wollen zur Beherrschung der Natur durch die Kunst der Organisation der Technik, müssen sie vorher drei Schritte der ethischen Vertiefung nach innen gehen."*

Albert Einstein aber musste für seine Zeit konstatieren: *„Früher hatte man vollkommene Zwecke, aber unvollkommene Mittel; heute haben wir vollkommene Mittel, aber verworrene Zwecke."* Und *C.S. Lewis* schrieb 1943 in „Die Abschaffung des Menschen": *„Es gibt etwas, das Magie und angewandte Wissenschaften gemein haben und worin sie sich von der `Weisheit´ früherer Zeiten unterscheiden. Der Weise alter Schule hatte das Problem darin gesehen, wie die Seele in die rechte Beziehung zur Wirklichkeit zu bringen sei, und die Lösung hatte in Erkenntnis, Selbstzucht und Tugend bestanden. Die Magie und die angewandte Wissenschaft gleichermaßen will das Problem lösen, wie man die Wirklichkeit den Wünschen des Menschen gefügig machen kann; und beide sind im Verfolgen dieses Zieles bereit, Dinge zu tun, die stets als ekelerregend und frevlerisch gegolten haben."*

Das Zweite Vatikanische Konzil sagte dazu: *„Unter diesen Umständen zeigt sich die moderne Welt zugleich stark und schwach, in der Lage, das Beste oder das Schlimmste zu tun; für sie ist der Weg offen zu Freiheit oder Knechtschaft, Fortschritt oder Rückschritt, Brüderlichkeit oder Haß. Zudem wird nun der Mensch sich dessen bewußt, daß es seine eigene Aufgabe ist, jene Kräfte, die er selbst geweckt hat und die ihn zermalmen oder ihm dienen können, richtig zu lenken."* [140]

Gesunde Wissenschaft, gesunder Glaube

Francis Bacons trügerische und völlig überzogene Erwartung, die Herrwerdung des Menschen über die Natur würde in eins fallen mit der Stunde der Wiederkehr des Paradieses, haben wir oben erwähnt. Gesund

[140] PASTORALE KONSTITUTION „*GAUDIUM ET SPES* .ÜBER DIE KIRCHE IN DER WELT VON HEUTE" 9, http://www.vatican.va/archive/hist_councils/ii_vatican_council/documents/vat-ii_const_19651207_gaudium-et-spes_ge.html

und ausgewogen aber war das, was Bacon in der Einleitung seines epochalen Werkes „Große Erneuerung der Wissenschaften“ (Instauratio Magna. Novum Organum, sive Indicia vera de interpretatione naturae), erschienen im Jahr 1620, sagt: *„Da dies aber nicht in meinem Belieben steht, so richte ich bei dem Beginn dieses Werkes zu Gott dem Vater und Gott dem Sohn und Gott dem heiligen Geist das innigste und heißeste Flehen, dass sie der Not des menschlichen Geschlechts und der Wanderungen in diesem Leben mit seinen wenigen und schlimmen Tagen gedenken mögen und in neuer Gnade sich erbarmen und durch meine Hände der menschlichen Familie eine Ausstattung bereiten lassen mögen. Auch bitte ich inständig, dass das Menschenwerk das göttliche Werk nicht verhüllen möge, und dass, wenn ich die Wege der Wahrnehmung eröffne und das natürliche Licht anzünde, daraus keine Ungläubigkeit und Verdunkelung der Geister für die göttlichen Mysterien hervorgehe; vielmehr soll der gereinigte Verstand, wenn er von Einbildungen und Eitelkeiten befreit worden, doch der göttlichen Offenbarung untertan und gehorsam bleiben und dem Glauben geben, was des Glaubens ist. Endlich bitte ich Gott, dass, wenn die Wissenschaft von dem Gift, was die Schlange gegeben, und was den menschlichen Geist aufbläht und anschwellt, befreit worden, er uns nicht übermütig und unmäßig werden lasse, damit wir die Wahrheit in Liebe pflegen.“*

Und in seinen bereits 1601 erschienenen „Essays Of Atheism“ sagt Francis Bacon: *„A little philosophy inclineth man's mind to atheism; but depth in philosophy bringeth men's minds about to religion.“* (Ein bisschen Philosophie/Wissenschaft neigt eines Menschen Sinn dem Atheismus zu; aber die Tiefe der Philosophie/Wissenschaft bringt der Menschen Sinn zur Religion.)

Es geht also gerade nicht darum, die Vernunft aufzugeben, sondern sie ausweiten und erleuchten zu lassen. In seiner Rede "Glaube, Vernunft, Universität" am 12. September 2006 an der Uni Regensburg sagte Papst Benedikt XVI. dazu: *„Nicht Rücknahme, nicht negative Kritik ist gemeint, sondern um Ausweitung unseres Vernunftbegriffs und -gebrauchs geht es. Denn bei aller Freude über die neuen Möglichkeiten des Menschen sehen wir auch die Bedrohungen, die aus diesen Möglichkeiten aufsteigen und müssen uns fragen, wie wir ihrer Herr werden können. Wir können es nur, wenn Vernunft und Glaube auf neue Weise zueinanderfinden; wenn wir die selbstverfügte Beschränkung der Vernunft auf das im Experiment Falsifizierbare überwinden und der Vernunft ihre ganze Weite wieder eröffnen.“*

Und ein Kennzeichen eines gesunden Glaubens ist eine gesunde Freude an der Schöpfung statt einer „sauertöpfigen“ Frömmigkeit. Dieser gesunde Glaube und die mit ihm verbundene Freude erschließt sich beim aufgeschlossenen Blick in die Schöpfung, über dem fleißigen Bibellesen (bei dem auch die Zusammenhänge klar werden) und beim fröhlichen Gotteslob gemeinsam mit der ganzen Schöpfung.

„Stellschraube Mensch“

Das eigentliche Problem sind nicht Wissenschaft und Technik in sich, sondern der Mensch, der sie macht und gebraucht. Albert Schweitzer meinte: “*Wir leben in einem gefährlichen Zeitalter. Der Mensch beherrscht die Natur, bevor er gelernt hat, sich selbst zu beherrschen.*” Wird er von seinem Erfolgsdrang in sein eigenes Verderben gehetzt? Schon der altgriechische Historiker Herodot meinte: *„Im Erfolg gibt es für den Menschen überhaupt keine Sättigung.“* Und: *„Erkenne, dass die Umstände über den Menschen herrschen und nicht die Menschen über die Umstände.“*

Wen man die Bibel als die ohne Frage bewährteste Quelle des Orientierungswissens aufschlägt, macht man die Entdeckung, dass sie sowohl theozentrisch (Gott im Mittelpunkt) als auch anthropozentrisch denkt: der Mensch im Mittelpunkt. Gute wie schlechte Veränderungen für die Umwelt beginnen mit dem Menschen, mit dem „Herzen“ des Menschen, mit dem Verhalten von Mensch zu Mensch, mit der Gottesbeziehung des Menschen.

„Humanökologie“

Laudato si', die auf den 24. Mai 2015 datierte Enzyklika von *Papst Franziskus,* befasst sich mit den Themenbereichen Umwelt- und Klimaschutz sowie mit Fragen der sozialen Gerechtigkeit. Dazu wird ein verantwortlicher Lebensstil angemahnt; alles beginnt eben mit uns und unseren Herzen! Und das Stichwort „Humanökologie“ wird eingeführt und dabei auf das große Beziehungsgeflecht verwiesen, das wir gerade bedenken. Der Papst sagt: *„Da alles in Beziehung steht, ist die Verteidigung der Natur auch nicht mit der Rechtfertigung der Abtreibung vereinbar.“* Zur „Humanökologie“ gehört für Papst Franziskus zudem *„die Wertschätzung des eigenen Körpers in seiner Weiblichkeit oder Männlichkeit“* und *„in der Begegnung mit dem anderen Geschlecht sich selbst zu erkennen. Auf diese Weise ist es möglich, freudig die besondere Gabe des anderen oder der anderen als Werk Gottes des Schöpfers anzunehmen und sich gegenseitig zu bereichern.“* Daraus folgert er zum Thema „Gender“, die Einstellung dessen sei *„nicht gesund, der den Anspruch erhebt, den Unterschied zwischen den Geschlechtern auszulöschen, weil er sich nicht mehr damit auseinanderzusetzen versteht“*.

Mitte und Orientierung wiederfinden

Manfred Lütz schrieb in der „Welt“ vom 13.10.07 im Blick auf unsere heutige Situation: *„Ob es um die Bioethik, die Werte, den angeblichen Kampf der Kulturen oder um die Evolution geht, all die Fragen, die sich hier stellen, werden erschütternd anders beantwortet, wenn es Gott gibt, als wenn es Gott nicht gibt. Der "religiös unmusikalische" Jürgen Habermas verlangt dringend einen öffentlichen Diskurs über die Gottebenbildlichkeit als Fundament der Menschenwürde.“*[141]

Bereits 1948 hat *Hans Sedlmayr* in „Verlust der Mitte“ ein bis heute treffendes Bild vom modernen „autonomen“ Menschen gezeichnet.[142] Er *„habe allem gegenüber eine Störung. Er habe ein gestörtes Verhältnis zu Gott, da er in seiner Kunst nicht mehr ihm diene...; zu sich selbst, da er sich mit Misstrauen, Angst und Verzweiflung betrachte; zu seinen Mitmenschen, da der Mensch in der Kunst auf das Niveau der übrigen sichtbaren Dinge herabgedrückt werde; und zur Natur, da er sich nicht mehr als Krone der Schöpfung über sie erhebt....“*[143]

Gott als Mitte kennen und anerkennen, ordnet alles Übrige immer mehr von dieser Mitte her. Die traurigen Folgen der Verblendung durch den Atheismus hingegen sind

- *„Gottesfinsternis“* (*Martin Buber*),
- *„Logophobie“ (Jacques Maritain),*
- *Unfrieden mit sich selbst und untereinander*
- und eine bloß instrumentelle Vernunft als *„Vernunft für Roboter, nicht für Menschen” (Pablo Lopez).*

Gott in der Verantwortung und im Gewissen begegnen

Durch die Frage nach der Verantwortung und unser Gewissen kann zunächst innere Not entstehen, dann aber sogar eine große Kraft zum „Sprung“ erwachsen. Der Schweizer Professor *Max Thürkauf* *„spürt plötzlich eine ungeheure Verantwortung und erkennt, daß eine wertfreie Wissenschaft nicht möglich ist. So beginnt der erschütternde Gewissenskonflikt des großen Forschers. Er endet im "Sieg der Demut über den Hochmut, der Gottesfurcht über der Menschenfurcht".[...] Als*

---

[141] Manfred Lütz: Missionarischer Atheismus. Richard Dawkins Bestseller "Gotteswahn" mutet wie der Kreuzzug eines Blinden gegen die Farbe an. In: Die Welt, 13.10.07 . http://www.welt.de/welt_print/article1261641/Missionarischer-Atheismus.html

[142] Hans Sedlmayr: Verlust der Mitte. Die bildende Kunst des 19. und 20. Jahrhunderts als Symptom und Symbol der Zeit, Salzburg/Wien 1948 ([11]1998)

[143] http://de.wikipedia.org/wiki/Verlust_der_Mitte

Ursache des moralisch-ethischen Zusammenbruchs nennt er die Lästerung des Geistes und dessen Selbstmord durch die Vergötzung der Materie." (Magdalena Gmehling)

Lauda to si'

Die Enzyklika von *Papst Franziskus* knüpft im Titel an *Franz von Assisis* Lauda to si' an, im deutschen Sprachraum als „Sonnengesang" bekannt. Als Franziskus im Winter 1224/25 krank in einer Hütte bei San Damiano lag, entstand sein berühmtes Loblied des Schöpfers über seine Geschöpfe, die der Mensch als „Verwandte" entdecken darf.[144] Heute muss man wohl erklärend dazu sagen, dass es für Franziskus keine Frage war, dass der Mensch einzigartig und die Krone der Schöpfung ist. Mit der übrigen Schöpfung zugleich solidarisch zu sein, ist für ihn keine Erniedrigung des Menschen zum „höchstes Tier", sondern ein liebevolles Herabbeugen des gottesebenbildlichen Menschen – und im Lobgesang ein gemeinsames Sich-Beugen vor dem Allergrößten, dem unendlich überragenden Schöpfer:

Gelobt seist du, mein Herr,
mit allen deinen Geschöpfen,
zumal dem Herrn Bruder Sonne,
welcher der Tag ist und durch den du uns leuchtest.
Und schön ist er und strahlend mit großem Glanz:
Von dir, Höchster, ein Sinnbild.

Gelobt seist du, mein Herr,
durch Schwester Mond und die Sterne;
am Himmel hast du sie gebildet,
klar und kostbar und schön.

Gelobt seist du, mein Herr,
durch Bruder Wind und durch Luft und Wolken
und heiteres und jegliches Wetter,
durch das du deinen Geschöpfen Unterhalt gibst.

Gelobt seist du, mein Herr,
durch Schwester Wasser,
gar nützlich ist es und demütig und kostbar und keusch.

Welch ein schöner Ausdruck der großen Beziehungsgemeinschaft!

Die Botschaft vom großen Beziehungsgeflecht im Telegrammstil

Gott ist ein Gott der Beziehung – und durch ihn als Schöpfer trägt die gesamt Schöpfung Beziehungscharakter. Der Mensch steht in einem engen

[144] Inzwischen wird diese Urheberschaft auch in Frage gestellt; falls zurecht, würde das an der Grundintention unserer Überlegungen nichts ändern.

Beziehungsgeflecht mit Gott, mit der Umwelt und mit anderen Menschen. Der entscheidungsfähige Mensch steht damit zugleich in einer großen Verantwortung. Der Mensch kann und soll die Natur verstehen lernen und so Weisheit gewinnen. Naturwissenschaft und Technik können die Lebensqualität des Menschen heben und gemeinsam zum Staunen über die Wunder der Natur und der Technik anregen. Sie brauchen aber ethisches Orientierungswissen, weil sie andernfalls zur großen Gefahr werden können. Und dieses wiederum braucht zuverlässige und bewährte Quellen. Auch zu sich selbst steht der Mensch in einer Beziehung und trägt Verantwortung. Der Mensch ist aufgerufen, Gott als die Mitte wiederzufinden und alle seine Beziehungsstörungen durch die Gemeinschaft mit Gott heilen zu lassen. Er ist angehalten, mit der Weltverantwortung bei sich selbst zu beginnen und „Humanökologie" zu treiben - und den Schöpfer zusammen mit der ganzen Schöpfung zu loben.

12. Gott lässt grüßen? Erwägungen zur Kernbotschaft

Am Ende unserer Einführung sagten wir: „Die Frage nach der Möglichkeit, im Erstaunen und Staunen über das Große und das Allerkleinste sogar Hinweise auf den Allergrößten zu finden, wird die Reise dieses Buches durchziehen und als „Schlussstein des Gewölbes" dann auch abschließen." Hier ist nun der „Schlussstein". In der Logik der Schlussstein-Symbolik liegt zweierlei: alles läuft auf ihn zu; ohne ihn bekommt alles keinen Halt und stürzt zusammen. Damit kommen ein große Freude und zugleich ein tiefer Ernst in das, was wir abschließend bedenken wollen.

Dem Schöpfergott und Vater im Staunen begegnen…und in Demut

Wir haben auf unserer kleinen Reise durch einige Teilbereiche der Physik und ihre philosophischen und theologischen Verknüpfungen festgestellt:

- „Jedermann" kann vom äußeren und inneren Sehen der Größe und Schönheit, vom Staunen über die Schöpfung, zum tieferen Erkennen, zum Sprung des Glaubens an den Schöpfer und zur Anbetung des Schöpfers finden.
- Und „Jedermann" kann glauben…und tut es ständig, auch in der Wissenschaft, denn ohne „Axiome", d.h. ohne nicht mehr zu beweisende Grundlagen, gibt es keine Wissenschaft. Allerdings sollte sich „Jedermann" gut überlegen, was er glaubt, weil es wert ist, geglaubt zu werden.
- Die Welt ist ein Ganzes, das sich weithin auch gar nicht zergliedern lässt, ohne es zu zerstören. Diese „ganze" Welt begegnet uns in vielen Bereichen sehr vielfältig und komplementär. Angesichts dieser Komplexität und Gegensätzlichkeit ist ein „Kohärenzgefühl", das Wissen um den großen und sinnvollen Zusammenhang statt der

Empfindung einer „zersplitterten Welt", für uns Menschen sehr wichtig und gesund. Und damit ist der Sprung zum alles umgreifenden Schöpfer, der allein die allumfassende Kohärenz der „aus einer Hand" kommenden Schöpfung garantieren kann, sehr gesund.

- In einer neuen Kindlichkeit bei gleichzeitiger intellektueller Redlichkeit lebt es sich dann geborgener und besser.
- Mein persönliches Bekenntnis dazu hatte ich so formuliert: „Dieser Weg der Anbetung des Vaters - gemeinsam mit der ganzen Schöpfung- vermeidet die Irrtümer und Einseitigkeiten eines nur auf die Natur gerichteten Lebens (Immanentismus) und eines Gottesglaubens, der von Gottes Schöpfung irgendwie „abgehoben" lebt (Personalismus). Ich jedenfalls bin auch in diesem Sinne sehr gern Kind: im „Bett" der Schöpfung und nahe beim Vater und Schöpfer."

Aus dem Staunen über die Größe der Schöpfung – und noch mehr ihres Schöpfers! – folgt eine Haltung der Demut. Und neben dem, was wir wissen und bestaunen können, liegt ja so vieles, was wir nicht wissen können oder noch nicht wissen. Oder was wir gegenwärtig nur postulieren können, wie etwa die „Dunkle Materie"!

Wie viel mehr wissen wir dann von Gott selbst nicht! – Und wiederum überaus erstaunlich und ein Grund zum Staunen ist, dass ER uns über sich selbst so vieles offenbart hat!

Dem Schöpfergott im Logos und dem Logos in Jesus Christus begegnen

Stichworte wie Gesetzmäßigkeit und Zweckmäßigkeit, mathematische, symmetrische und ganzheitlich-emergente Dimension, Spiel des Logos mit der Kontingenz, prästabilierte Harmonie, informatives Universum, Verschränkung und Kommunionalität sowie das enge Band zwischen Energie und Information lassen uns die Welt als vom „Logos" geprägten „Kosmos" erkennen. Der Logos ist der Strukturhintergrund unserer Welt.

Und der wiederum verweiset auf Gott: *„Der Gottesglaube, der mit der westlichen religiösen Tradition konform ist, impliziert die Erkenntnisse: Hinter Muster und Strukturen des Universums steht der Plan eines göttlichen Schöpfers. Hinter der sich entfaltenden Geschichte des Universums steht der Wille eines göttlichen Schöpfers. Es gibt Einen, der unserer Anbetung und unseres Gehorsams würdig ist. Es gibt Einen, dem wir als Grund unserer beständigen Hoffnung trauen dürfen." (John Polkinghorne)*

Der Logos ist nicht nur ein Prinzip Gottes, sondern Gott selbst! Als solchem dürfen wir ihm in der Schöpfung und in Jesus Christus begegnen.

Im Johannesevangelium (1,1-3) lesen wir aufgrund des „großen Sprunges" die staunenden und erstaunlichen Worte: *Im Anfang war der Logos (das Wort), und der Logos war bei Gott, und Gott war der Logos. Derselbe war im Anfang bei Gott. Alle Dinge sind durch denselben gemacht, und ohne denselben ist nichts gemacht, was gemacht ist.*

Das Johannesevangelium lässt im weiteren Fortgang keinen Zweifel daran, dass Jesus Christus der Logos ist:
Und das Wort (Logos) ward Fleisch und wohnte unter uns,
und wir sahen seine Herrlichkeit,
eine Herrlichkeit als des eingeborenen Sohnes vom Vater,
voller Gnade und Wahrheit.[145]

Dem Schöpfergott als Geist und im Heiligen Geist begegnen

Der Begriff „Geist" besitzt so viele Bedeutungen und hat eine derart vielfältige Begriffsgeschichte hinter sich wie nur wenige Begriffe in der deutschen Sprache. Je nach Kontext kann er heute sehr Vieles und teils sehr Verschiedenes bezeichnen. Wir können hier nur einige Aspekte aufnehmen und mit unseren bisherige Ausführungen verknüpfen:

Geist und Kommunikation

Für die Deutung der Kommunikation über ganz verschiedene Ebenen hinweg braucht es noch mehr als „ Verschränkung". Ein interessantes Modell ist die Kommunikation zwischen Geist und Geist. Der französische Philosoph *Jean Guitton* sagt dazu in seinem Buch „Gott und die Wissenschaft", in dem er mit zwei Atomphysikern im Gespräch ist: *„Es muß also auf einer uns verborgenen Ebene so etwas wie eine geheime Verbindung zwischen allen Elementarteilchen geben, die ihr Verhalten insgesamt beeinflußt und dafür sorgt, daß das Licht einmal als Welle und einmal als Teilchen in Erscheinung tritt.[...]Das Geheimnis ist, daß das Photon angesichts des Spalts A zu wissen scheint, ob der Spalt B offen oder geschlossen ist. Kurz, es scheint den Quantenzustand des Universums zu kennen. Was aber erlaubt es dem Photon, sich für diesen oder jenen Weg zu entscheiden?.... Einfach das Bewußtsein des Beobachters. Und damit sind wir wieder beim Geist: An den unsichtbaren Enden unserer Welt, unter und über unserer Realität, hält sich der Geist auf. Und vielleicht ist es so, daß dort unten, im Innern des seltsamen Reichs der Quanten, unser menschlicher Geist und der Geist jenes transzendenten Wesens, das wir Gott nennen, veranlaßt werden aufeinanderzutreffen."*[146]

---

[145] Johannes 1,14

[146] Guitton, Jean; Bogdanov, Grichka und Igor: Gott und die Wissenschaft. Auf dem Weg zum Metarealismus. München 2. Aufl. 1993,S. 118f.

Hier haben wir eine Sicht von „Geist" vor uns, die sowohl den Unterschied zwischen dem (bewussten) Geist des Menschen und dem Geist in der Quantenwelt als auch ihre gemeinsame Kommunikabilität enthält.

„Protyposis"?

Thomas Görnitz, Quantenphysiker und Professor für Didaktik der Physik, und seine Frau *Brigitte*, Tierärztin und Diplom-Psychologin, haben ein umfangreiches Werk verfasst, in dem sie von einer absoluten Quanteninformation ausgehen, die sie *„Protyposis"* nennen.[147] In diesen – ich nenne sie jetzt einmal Urinformationen – des Kosmos sehen sie alles Seiende grundgelegt und miteinander in Beziehung gesetzt. Auch geistig-seelische Inhalte wären in diesen Quanteninformationen im Grunde bereits impliziert. Und von dorther hätte sich dann alles entwickelt- bis zur Evolution des menschlichen Geistes. Diese Sicht wird im Buch dann als Welterklärungsmodell und Handlungsgrundlage für verschiedene Bereiche entfaltet. Was man m.E. positiv daraus entnehmen kann, ist die nicht-materialistische Sicht, dass der Geist von Anfang an irgendwie mit im Spiel war. Das „Irgendwie" in Gestalt der Protyposis überzeugt mich allerdings kein bisschen. Ich würde diese Theorie dem „Quanten-Übertreibungs-Syndrom zurechnen.

Geist als Feld

Der einst in München lehrende Theologieprofessor Wolfhart Pannenberg übertrug den Feldbegriff aus der Physik auf die Theologie und ihre Lehre vom Geist Gottes und vom dreieinigen Gott.[148] Dabei meint Pannenberg, dass das „Feld" mehr als nur ein Symbol für den Schöpfergeist bzw. Gott sei. Die Bibel sagt vom Schöpfergeist, dass er am Anfang über den Wassern schwebte (Genesis 1,2). Und dieses „ausgebreitete Dasein" als Grundlage und Ermöglichung konkreten Daseins einzelner Wesenheiten ist in der Tat eine passende Beschreibung sowohl des physikalischen Feldes als auch der Wirksamkeit des Heiligen Geistes. Neben den biblischen Bezügen nimmt Pannenberg dabei die Pneuma-Lehre der Stoa auf, in der der Geist als feinster Stoff alles durchdringt und durch seine Spannung den Kosmos zusammenhält und ihre Bewegungen und Qualitäten hervorbringt. Und für den Feldbegriff ist Faradays Verständnis wegweisend: das Feld ist ein ungeteiltes und ganzheitliches Kraftfeld, das den Körpern vorgegeben ist und diese erst hervorbringt.

---

147 Görnitz, Thomas u. Brigitte: Die Evolution des Geistigen. Quantenphysik – Bewusstsein – Religion, Göttingen 2008

148 Pannenberg, Wolfhart: Systematische Theologie, Bd. I-III, Göttingen 1988/1991/1993.

Dabei ist Pannenberg klar, dass der Heilige Geist darüber hinaus viel mehr als ein Feld ist; letztlich ist er sogar eine Person. Aber die Feld-Analogie ist als Teilbeschreibung des Gottesgeistes durchaus hilfreich. Ich persönlich tendiere allerdings dazu, physikalisches Feld und Gottesgeist nicht zu direkt gleichzusetzen, sondern es bei den Kategorien der Metapher und der Analogie zu belassen - was ja auch nicht wenig ist![149]

Heiliger Geist

Das hebräische Wort für Geist heißt „ruach". Es hat drei Bedeutungsgruppen:

- Wind oder Windstoß;
- Lebenskraft oder Lebensprinzip im Menschen, Atem, Sitz der Erkenntnis und des Gemütes;
- und Gottes eigene Lebenskraft: der Heilige Geist, durch den Gott auf vielfältige Weise handelt. Dabei ist das Handeln des Geistes Gottes am Menschen nicht nur „geistig", sondern durchaus auch körperlich und ganzheitlich erfahrbar. Nach und nach kommt im Offenbarungsgeschehen des Alten Testamentes dann eine gewisse Selbständigkeit, ja Personalität des Geistes zum Vorschein. Geist und Weisheit werden als eng verbunden erkennbar. Und das alles setzt sich dann im Neuen Testament fort: in dem griechischen Wort „pneuma" wird das Wissen um den „ruach" aufgenommen und weitergeführt. Zudem werden im Neuen Testament Anfänge der Lehre von der Dreieinigkeit Gottes (Trinität) sichtbar, z.B. bei der Taufe Jesu oder wenn die Taufe der Menschen „im Namen des Vaters und des Sohnes und des Heiligen Geistes" (Matthäus 28,19) erfolgen soll. Diese Ansätze finden schließlich in der Lehrentwicklung der frühen Kirche ihren krönenden Abschluss mit der entfalteten Lehre von der heiligen Dreieinigkeit.

Dem dreieinigen Gott begegnen

Erstaunlicherweise gibt es nun Parallelen und Berührungspunkte zwischen einigen Erkenntnissen der Physik und Physikphilosophie und der Trinitätslehre, dieser hoch anspruchsvollen Lehre von den drei göttlichen Personen, die verschiedene Personen bleiben und doch in engster Weise und untrennbar miteinander in Liebe verbunden sind:

- Es sei noch einmal daran erinnert, dass *Maxwell* die Art der Beziehung zwischen Magnetismus und Elektrizität beim Nachdenken über die göttliche Dreieinigkeit erkannte. *„Die Heilige Dreifaltigkeit, wo die Beziehung zwischen der Person des Vaters und der Person des Geistes,*

[149] So auch: Lebkücher, Anja: Theologie der Natur: Wolfhart Pannenbergs Beitrag zum Dialog zwischen Theologie und Naturwissenschaft, Neukirchen 2011

der Geist der Liebe, ebenfalls Person ist, war ihm ein Leitbild für die Beschreibung der physikalischen Beziehung zwischen elektrischen und magnetischen Feldern. Die Beziehung besteht im Elektromagnetischen, das ebenso Substanz ist wie das Elektrische und das Magnetische. So entstand das Bild der elektromagnetischen Welle als eine Dreifaltigkeit in der Schöpfung, welche als ein Abbild der Heiligen Dreifaltigkeit angesehen werden darf...“ (Max Thürkauf)

- Wie wir den engen Zusammenhang zwischen der großartigen Ordnung des Universums und dem universalen Kommunikationsgeschehen sowohl unter dem Stichwort „Logos“ als auch unter dem Begriff „Geist“ zu versehen suchten, so besteht auch in der Bibel ein enger Zusammenhang zwischen Wort und Geist: das Wort Gottes ist Geist; der Geist Gottes wirkt durch das Wort; die Person des Gottessohnes und die Person des Gottesgeistes sind nicht zu trennen.
- Die Trinitätslehre zeigt uns Gott in Beziehung, in der gegenseitigen Zuneigung und Zueignung der drei göttlichen Personen. Und wir stellten fest, dass auch die physikalische Welt nur in einer „Beziehungsontologie“ angemessen erfasst werden kann. Überhaupt alles in unserer Welt – von den Elementarteilchen bis zu den Galaxien, vom Einzeller bis zum Menschen - kann nur in Relation zum Andren bestehen und verstehend erfasst werden. Ein Spiegelbild der Trinität!
- Komplementäres Denken wird – historisch gesehen - bereits deutlich im trinitarischen Denken. Und sachliche gesehen wird es noch weit überboten vom trinitarischen Denken.

So ist die Dreieinigkeit der Gipfel des Denkens und der Erfahrung.

Nicht der Philosophen Gott

In der Nacht des 23. November 1654 wird der Philosoph und Naturwissenschaftler Blaise Pascal von der spürbaren Gegenwart Gottes so überwältigt, dass er stammelnd niederschreibt: *„Montag, den 23. November... Seit ungefähr abends zehneinhalb bis ungefähr eine halbe Stund nach Mitternacht. FEUER "Gott Abrahams, Gott Isaaks, Gott Jakobs", nicht der Philosophen und Gelehrten. Gewissheit, Gewissheit, Empfinden: Freude, Friede. Gott Jesu Christi...Deum meum et Deum vestrum. "Dein Gott wird mein Gott sein" - Rut - Vergessen von der Welt und von allem, außer Gott. Nur auf den Wegen, die das Evangelium lehrt, ist es zu finden...“* Pascal nähte den Zettel mit dieser Niederschrift in das Futter seines Rockes ein und trug ihn so immer bei sich.

Gott ist immer noch größer als unsere Vorstellungen. Er lässt sich nicht „definieren“, denn definieren meint, etwas von seinen Grenzen her (lat. finis= Grenze) zu beschreiben; Gott aber ist unendlich und unbegrenzt, also undefinierbar. Er als der Undefinierbare hat sich jedoch an bestimmten

Stellen selbst für uns „definiert" hat; am eindeutigsten und anschaulichsten in Jesus Christus. Das macht es möglich, dass Wesensbeschreibungen Gottes in der Bibel vorkommen; bis hin zu der Spitzenaussage, dass Gott Liebe ist (1. Johannes 4,16b).

Gott lässt grüßen

Gott ist das größte und tiefste Geheimnis der Welt, ihr Schöpfer, ihre Hoffnung, ihr tiefstes Glück.
Egon Friedell schreibt in seiner „Kulturgeschichte der Neuzeit": *„Eine Welt ohne Gott ist nicht nur die unsittlichste, sondern auch die unkomfortabelste, die sich ersinnen läßt."*[150]

Und *Norbert Leser*: *„Das Fazit meiner Überlegungen ist, dass Gott, dem man begegnen und an den man glauben kann, aber nicht muss, eines Beweises nicht bedürftig ist. Dessen ungeachtet ist es aber nicht nur moralischer und ästhetischer, tröstlicher und erbaulicher, sondern auch vernünftiger, von der Möglichkeit Gebrauch zu machen, an Gott zu glauben, als nicht an ihn zu glauben und sich auf keine Beziehung mit ihm einzulassen."* Das schreibt der einstige Ordinarius für Gesellschaftsphilosophie an der Universität Wien als Quintessenz einer langen persönlichen Suche. Lesers Titel *„Gott lässt grüßen"*, hat auch unserem letzten Kapitel zum Namen verholfen.[151]

Und wie Norbert Leser wollten auch wir ermutigen, auf dem Weg des Staunens und nicht des Beweisens zum Allergrößten zu gelangen. Wir sagten oben, der lebendige Gott habe es nicht nötig, dass wir ihn verteidigen oder rechtfertigen, er entziehe sich den Möglichkeiten unserer wissenschaftlichen Beweise. Gut möglich sei es hingegen, Denkblockaden und fehlgeleitete Vorurteile aus dem Weg zu räumen. Wir sprachen vom Sprung zum Höchsten als „Kontingenz" unseres Herzens. Übereinstimmend mit Norbert Leser sagen wir aber auch, dass der Weg des Glaubens der weitaus - ja: unendlich! - bessere ist.

Gott trotz des Leides und im Leid begegnen

„Nach allem, was ich an Leid gesehen habe, kann ich an keinen lieben Gott mehr glauben!" - Das ist nun die andere Sicht unserer Welt- und die entgegengesetzte Konsequenz zum Springen vom Staunen zum Glauben. *Arthur Schopenhauer* (1788-1860) schrieb: *„Kant hat zwar behauptet, dass, wenngleich das Dasein Gottes unbeweisbar ist, doch auch das*

---

[150] Friedell, Egon: Kulturgeschichte der Neuzeit, München 1969, S. 940

[151] Leser, Norbert: Gott lässt grüßen: Wider die Anmaßung des Reduktionismus und Evolutionismus, Wien 2013.

Gegenteil sich nicht beweisen lasse. Aber es lassen sich allerdings Gegenbeweise aufstellen. Die traurige Beschaffenheit der Welt lässt sich nicht damit vereinigen, dass sie das Werk vereinter Allgüte, Allweisheit und Allmacht sei.“

Dabei ist Schopenhauer insofern Recht zu geben, dass es sich nur lohnt, über einen persönlichen Gott, einen Schöpfer als Person nachzudenken. Schopenhauer schrieb dazu: *„Ein unpersönlicher Gott ist gar kein Gott, sondern bloß ein missbrauchtes Wort, ein Unbegriff, eine* contradictio in adjecto.*“* Und: *„Personalität und Kausalität sind zwei unzertrennliche Qualitäten Gottes.“* Von Gott als Person aber kann man eben auch Mitleid mit seinen Geschöpfen erwarten!

Es gibt eine berührende Geschichte, in der eine erzürnte Menschheit vor Gottes Richterthron versammelt ist. Und weil Gott das unermessliche Leid auf der Welt offenbar kalt lässt, hört man die aufgebrachte Menge bald rufen: „Gott hat kein Recht, über uns zu Gericht zu sitzen. Gott gehört vor Gericht. Wir wollen Gott schuldig sprechen!“- Plötzlich erscheint der göttliche Richter. Zum Erstaunen aller ist er ein Mensch. „Ihr wollt Gott schuldig sprechen?“, fragt er. „Ich bin schon einmal für schuldig erklärt worden.“ - Einer nach dem anderen senkt betroffen den Kopf. Die Menschen vor dem Thron Gottes erinnern sich an die Geschichte des Mannes, der ihnen nun als Richter gegenüber sitzt: Als Jude und als uneheliches Kind geboren, mit den Eltern auf der Flucht, von Wachsoldaten gequält und bis zum Zusammenbrechen angetrieben, Schmerzen am ganzen Körper, mit 30 ans Kreuz gehängt- und all das unschuldig! „Wollt ihr mich jetzt zum zweiten Mal richten?“, fragt er.

Prof. Helmut Thielicke wies darauf hin, *„dass ein Stoff, durch eine Lupe gesehen, in der Mitte klar und an den Rändern verschwommen aussieht. Aber aufgrund dessen, was wir in der Mitte sehen, wissen wir, dass auch die Ränder klar sind. Das Leben ist wie ein Stoff. Es gibt viele Ränder, die verschwommen sind, viele Ereignisse und Umstände, die wir nicht verstehen. Aber sie können infolge der Klarheit, die wir in der Mitte sehen, ausgelegt werden - aufgrund des Kreuzes Christi. Wir müssen die Güte Gottes nicht erraten. Er hat seinen Charakter am Kreuz deutlich offenbart und dramatisch bewiesen.“*

Damit ist nun nicht jede Einzelfrage im Blick auf das Leid in unserem Leben beantwortet. Wir sehen vieles nicht, was hinter dem Horizont liegt. Aber am Horizont wird es hell...Der „heruntergekommene“ und gekreuzigte Gott wird zur „Sonne der Gerechtigkeit“.

Er musste herunterkommen, weil wir so heruntergekommen waren – die Bibel nennt das schlicht und auch heute noch gut verständlich „Sünde". Sünde meint die Trennung von Gott und ihre Folgen. Zu diesen schlimmen Folgen gehört, dass der Mensch weite Teile der Schöpfung mit ins Verderben und ins Chaos gerissen hat. Aber eben dazu kommt Jesus in den teilweise zum Chaos gewordenen Kosmos, um -beginnend bei einzelnen Menschen - das Reich Gottes zu bringen.

Epilog

Wir haben viel Erstaunliches in unserer physikalischen Welt aufgespürt – von den kleinsten „Bausteinen" der Materie bis zum Blick ins Große und Ganze des Universums. Wir haben Erkenntnisse der Physik als „Keime" von Botschaften verstanden und diese Botschaften dann jeweils im Zusammenklang mit Philosophie und Theologie gehört.

Letztlich geht es um ein Ergriffenwerden von Gott selbst. Der Theologieprofessor und promovierte Mathematiker *Dieter Hattrup* hat den schönen Satz geprägt: „*Natur* ist diejenige Wirklichkeit, die ich ergreifen kann; *Gott* diejenige Wirklichkeit, die mich ergreift."- Welch eine großartige Erfahrung, von Gott selbst ergriffen zu werden; und dann auch dankbar die Initiative ergreifen zu können für die von Gott geliebten Menschen und ihre Welt! *„Gott in allem finden"* (so das Motto des Jesuitenordens) und *„Soli Deo Gloria"* (so die Worte Johann Sebastian Bachs unter seinen Werken) dürfen dabei die Maximen sein, die unser Leben lebenslang und ewig prägen und überaus reich machen können.

Kleine Texte zu großen Themen von Gunther Geipel

- Physik, Philosophie, Theologie: Faszinierende Einblicke und Ausblicke. Wissenschaft und Weisheit für „Jedermann"

- Wunder, Wissenschaft, Weisheit. Eine Symphonie in „C"

- Hirnforschung, Medizin, Anthropologie: Wunderwerk Mensch, Balanceakt Gesundheit, Kampffeld Menschenwürde

- Wissenschaft, Kunst, Anbetung: Gemeinsame Wege zum großen Ziel

Literaturhinweise

Zur Weiterarbeit am Thema und an bestimmten Teilthemen folgen hier einige Literaturhinweise, die jedoch für die einzelnen Gebiete unterschiedlich repräsentativ sind. Zur Literatur zur neueren Physik und zur Philosophie der Physik wird nur einen kleiner Ausschnitt geboten, bei den Büchern zur Physik überwiegend allgemeinverständliche Werk und meist mit ausdrücklichen Brücken zur Philosophie und Theologie.[152] Am umfassendsten und durchaus auch für die Fachdiskussion im deutschsprachigen Raum repräsentativ ist der Überblick „Zum Spannungsfeld und Miteinander von Naturwissenschaft und Theologie".

Auf den angegebenen Internetseiten finden sich häufig weitere Literaturhinweise.

Zu den theologischen und philosophischen Fragen verweise ich zudem auf meinen großen **Online-Literaturführer „Bibel, Mensch, Bildung"** mit seinen ca. 4.200 Titeln. Er findet sich mehrfach im Internet.

Zur neueren Physik und zur Philosophie der Physik

- Audretsch, Jürgen/Mainzer, Klaus, (Hg.): Wieviele Leben hat Schrödingers Katze? Zur Physik und Philosophie der Quantenmechanik, Mannheim/Wien/Zürich 1990.
- Audretsch, J.: Verschränkte Welt, Faszination der Quanten, Weinheim 2002.
- Baeyer, Hans Christian von: Das informative Universum: das neue Weltbild der Physik, München 2005.
- Barrow, John D.,: Theorien für Alles. Die philosophischen Ansätze der modernen Physik, Heidelberg/Berlin/New York 1992.
- Benk, Andreas, Physik unterwegs zur Metaphysik? Theologische und philosophische Aspekte der modernen Physik, in: Stimmen der Zeit 213 (1995), 663–676.
- Berger, Christoph: Elementarteilchenphysik, Berlin ^{2}2006.
- Bethge, Klaus und Ulrich E. Schröder: Elementarteilchen und ihre Wechselwirkungen – eine Übersicht, Weinheim 2006.
- Bleck-Neuhaus, Jörn: Elementare Teilchen. Von den Atomen über das Standard-Modell bis zum Higgs-Boson, 2., überarbeitete Auflage Berlin/ Heidelberg 2013.

[152] 200 Titel listet allein Jörn Bleck-Neuhaus in „Elementare Teilchen. Von den Atomen über das Standard-Modell bis zum Higgs-Boson" (s.o.) für sein Fachgebiet auf (S. 681ff).

- Born, Max: Physik im Wandel meiner Zeit. Mit einleitenden Bemerkungen von R. U. Sexl und K. v. Meyenn, Braunschweig 1983.
- Brody, Thomas: The Philosophy Behind Physics, Springer 1993.
- Butterfield, Jeremy/Earman/Gabbay/Thagard/Woods (Hrsg.): Handbook of the Philosophy of Physics, Elsevier 2007.
- Camejo, Silvia Arroyo: Skurrile Quantenwelt. Berlin 2006.
- Cassirer, Ernst: Zur modernen Physik, Darmstadt 1980
- Czasny, Karl: Erkenntnistheoretische Grundlagen der klassischen Physik: Band I: Klassische Mechanik und Relativitätstheorie, Hamburg 2014
- Davis, Paul: Die Urkraft: Auf der Suche nach einer einheitlichen Theorie der Natur, Hamburg; Zürich 1987.
- Ditfurth, H. von: Wir sind nicht nur von dieser Welt. Naturwissenschaft, Religion und die Zukunft des Menschen, Hamburg [5]1987
- Dürr, H.-P., Das Netz des Physikers. Naturwissenschaftliche Erkenntnis in der Verantwortung, München/ Wien 1998 ([2]2000).
- Esfeld, Michael (Hg.): Philosophie der Physik, Frankfurt/M. 2012,
- Esterbauer, Reinhold: Zum Metaphysikbegriff in reduktionistischen Weltbildentwürfen moderner Physiker, in: Theologie und Philosophie 72 (1997), 395–404.
- Feynman, P. Richard: QED Die seltsame Theorie des Lichts und der Materie, München 1988.
- Friebe, Cord u.a.: Philosophie der Quantenphysik. Einführung und Diskussion der zentralen Begriffe und Problemstellungen der Quantentheorie für Physiker und Philosophen, Berlin und Heidelberg 2015.
- Fritzsch, Harald: Eine Formel verändert die Welt. Newton, Einstein und die Relativitätstheorie, München [6]2001 (Erstauflage Münden 1988).
- Fritzsch, Harald: Elementarteilchen. Bausteine der Materie, München 2004.
- Fritzsch, Harald: Mikrokosmos: Die Welt der kleinsten Teilchen, München 2012
- Fritzsch, Harald: Quarks. München 1981.
- Fritzsch, Harald: Vom Urknall zum Zerfall. München 1983.
- Genz, Henning: Die Entdeckung des Nichts. Leere und Fülle im Universum, München/Wien1997.
- Genz, Henning: Elementarteilchen, Frankfurt a.M. 2003.
- Gribbin, John/ Griese Friedrich: Auf der Suche nach Schrödingers Katze: Quantenphysik und Wirklichkeit. München 2010.
- Griffiths, David J.: Einführung in die Physik des 20. Jahrhunderts: Relativitätstheorie, Quantenmechanik, Elementarteilchenphysik und Kosmologie, Hallbergmoos 2015.

- Hawking, Stephen: Eine kurze Geschichte der Zeit. Die Suche nach der Urkraft des Universums, Reinbeck bei Hamburg 1991.
- Hedrich, Reiner: Von der Physik zur Metaphysik. Physikalische Vereinheitlichung und Stringansatz. Heusenstamm u. a. 2007
- Heintel, Peter /Herbert Pietschmann, Das Ganze und seine Teile – die Elemente und das Elementare, Klagenfurt 2014
- Heisenberg, Werner: Der Teil und das Ganze, Gespräche im Umkreis der Atomphysik, München, 1969
- Heisenberg, Werner: Physik u. Philosophie, Frankfurt/Berlin/Wien 1977
- Heisenberg, Werner: Physikalische Prinzipien der Quantentheorie, Mannheim, 1958
- Höfling, O. und P. Waloschek: Die Welt der kleinsten Teilchen. Hamburg 1984.
- Ingold, Gert-Ludwig: Quantentheorie, Grundlagen der modernen Physik, München, 2002
- Kiefer, Claus: Quantentheorie, Frankfurt 2012
- Kippenhahn, R.: Licht vom Rande der Welt. Stuttgart 1984.
- Klein, Stefan: Das All und das Nichts: Von der Schönheit des Universums, Frankfurt 2017.
- Küblbeck, J./ R. Müller: Die Wesenszüge der Quantenphysik, Köln 2003
- Lange, Marc: An Introduction to the Philosophy of Physics, London 2002.
- Laughlin, Robert B.: Abschied von der Weltformel. Die Neuerfindung der Physik, München 2007
- Lüscher, Edgar: Moderne Physik. Von der Mikrostruktur der Materie bis zum Bau des Universums, München 1987.
- Meißner, Walter: Wie tot ist Schrödingers Katze? Physikalische Theorie und Philosophie, Mannheim u. a. 1992.
- Mutschler, Hans-Dieter: Spekulative und empirische Physik. Aktualität und Grenzen der Naturphilosophie Schellings, Stuttgart 1990.
- Pagel, Lienhard: Information ist Energie. Definition eines physikalisch begründeten Informationsbegriffes, Wiesbaden 2013.
- Pietschmann, Herbert und Gerhard Schwarz: Mythos Urknall: Ein interdisziplinäres Gespräch, Wien 2013
- Pietschmann, Herbert: Das Ende des naturwissenschaftlichen Zeitalters, Wien 1980, Stuttgart 1995;
- Pietschmann, Herbert: Das Ganze und seine Teile – Neues Denken seit der Quantenphysik, Wien 2013
- Pietschmann, Herbert: Geschichten zur Teilchenphysik, Wien 2007;
- Povh, Bogdan u.a.: Teilchen und Kerne. Eine Einführung in die physikalischen Konzepte, Berlin 2006.

- Sexl, U. Roman: Was die Welt zusammenhält. Physik auf der Suche nach dem Bauplan der Natur, Stuttgart 1982.
- Sieroka, Norman: Philosophie der Physik, München 2014.
- Sklar, Lawrence: Philosophy of Physics, OUP, Oxford 1992.
- Torretti, Roberto: The Philosophy of Physics, CUP, Cambridge 1999.
- Zeilinger, Anton: Einsteins Schleier. Die neue Welt der Quantenphysik, München 2003
- Zeilinger, Anton: Einsteins Spuk. Teleportation und andere Mysterien der Quantenphysik, München 2005.

- http://www.drillingsraum.de/
- http://www.einstein-online.info/
- http://www.leifiphysik.de/
- http://www.teilchen.at/fakt
- http://www.weltderphysik.de
- http://www.weltmaschine.de/
- https://takingupspacetime.wordpress.com/philosophers-of-physics-the-websites/

Zur Naturphilosophie

- Bartels, Andreas: Grundprobleme der modernen Naturphilosophie. Paderborn1996.
- Böhme, Gernot (Hg.): Klassiker der Naturphilosophie. Von den Vorsokratikern bis zur Kopenhagener Schule, München 1989.
- Böhme, Gernot/Schiemann, Gregor (Hg.): Phänomenologie der Natur, Frankfurt/M. 1997
- Böhme, Gernot: Die Natur vor uns. Naturphilosophie in pragmatischer Hinsicht. Kusterdingen 2002.
- Drieschner, Michael: Moderne Naturphilosophie. Eine Einführung. Paderborn 2002.
- Esfeld, Michael: Einführung in die Naturphilosophie, Darmstadt 2002.
- Gerhard, Myriam/Zunke, Christine (Hg.): „Wir müssen die Wissenschaft wieder menschlich machen“. Aspekte und Perspektiven der Naturphilosophie, Würzburg 2010.
- Gerhard, Myriam: Von der Materie der Wissenschaft zur Wissenschaft der Materie. Berlin 2002.
- Gräb-Schmidt, Elisabeth: Was heißt Natur? philosophischer Ort und Begründungsfunktion des Naturbegriffs, Leipzig 2015
- Hampe, Michael 2004/05: Einführung in die Naturphilosophie: https://www.ethz.ch/content/dam/ethz/special-interest/gess/phil-dam/documents/ProtoskriptNaturphilosophie.pdf

- Hartung, Gerald/ Kirchhoff, Thomas (Hg.) (): Welche Natur brauchen wir? Analyse einer anthropologischen Grundproblematik des 21. Jahrhunderts, Freiburg 2014.
- Kanitscheider, Bernulf: Im Innern der Natur. Philosophie und moderne Physik. Darmstadt1996.
- Köchy, Kristian/ Norwig, Martin (Hrsg.): Umwelt-Handeln. Zum Zusammenhang von Naturphilosophie und Umweltethik, Freiburg und München 2006
- Koltermann, Rainer: Grundzüge der modernen Naturphilosophie. Ein kritischer Gesamtentwurf, Frankfurt a. M. 1994.
- Kummer, Christian (Hg.): Was ist Naturphilosophie und was kann Sie leisten? Freiburg 2009.
- Mainzer, Klaus: Symmetrien der Natur: Ein Handbuch zur Natur- und Wissenschaftsphilosophie, Berlin, New York 1988.
- Meyer-Abich, Klaus Michael: Praktische Naturphilosophie für die Umweltpolitik. Erinnerungen an einen vergessenen Traum. München 1997.
- Mutschler, Hans-Dieter: Naturphilosophie, Stuttgart 2002.
- Schiemann, Gregor (Hg.): Was ist Natur? Klassische Texte zur Naturphilosophie. München 1996.
- Schiemann, Gregor: Natur, Technik, Geist. Kontexte der Natur nach Aristoteles und Descartes in lebensweltlicher und subjektiver Erfahrung, Berlin 2005.
- Schwemmer (Hg.): Über Natur. Philosophische Beiträge zum Naturverständnis. Frankfurt/M. 1987.
- Seel, Martin: Eine Ästhetik der Natur, Frankfurt/M. 1991

- http://www.naturphilosophie.org
- http://www.naturphilosophie.org/publikationen/eigene-publikationen/

Zur Wissenschaftstheorie, Wissenschaftsgeschichte, Wissenschaftsethik und Technikkritik

- Balzer, Wolfgang: Die Wissenschaft und ihre Methoden. Grundsätze der Wissenschaftstheorie. Ein Lehrbuch., Freiburg/München 2. Aufl. 2002
- Barrow, John D.: Die Entdeckung des Unmöglichen. Forschung an den Grenzen des Wissens, Heidelberg/Berlin 2001.
- Bartels, Andreas / Manfred Stöckler (Hgg.): Wissenschaftstheorie. Ein Studienbuch, Paderborn 2007.
- Carrier, Martin: Wissenschaftstheorie zur Einführung. 3. Auflage Hamburg 2011.

- Chalmers Alan F.: Wege der Wissenschaft: Einführung in die Wissenschaftstheorie, 6. Auflage Berlin u. a. 2007.
- Duhem, Pierre: Ziel und Struktur der physikalischen Theorien. Hamburg 1978.
- Feyerabend, Paul: Wider den Methodenzwang, Frankfurt/M., 7. Aufl. 1999.
- Fischer, Ernst Peter: Die andere Bildung. Was man von den Naturwissenschaften wissen sollte, Berlin [4]2005.
- Fischer, Ernst Peter: Die Hintertreppe zum Quantensprung. Die Erforschung der kleinsten Teilchen der Natur von Max Planck bis Anton Zeilinger, München 2010.
- Fischer, Ernst Peter: Die Verzauberung der Welt – Eine andere Geschichte der Naturwissenschaften, München 2014
- Fischer, Ernst Peter: Aristoteles, Einstein & Co. Eine kleine Geschichte der Wissenschaft in Porträts, München 1995.
- Fischer, Ernst Peter: Leonardo, Heisenberg & Co. – Eine kleine Geschichte der Wissenschaft in Porträts, München 2000.
- Fischer, Ernst Peter: Schrödingers Katze auf dem Mandelbrotbaum – Durch die Hintertür zur Wissenschaft, München 2006
- Gloy, Karen, Das Verständnis der Natur , Bd.1: Die Geschichte des wissenschaftlichen Denkens; Bd.2: Die Geschichte des ganzheitlichen Denkens, München 1995 / 1996
- Hattrup, Dieter: Einstein und der würfelnde Gott. An den Grenzen des Wissens in Naturwissenschaft und Theologie, Freiburg-Basel-Wien 2. Aufl. 2001.
- Heidegger, Martin: Was heißt denken?, Tübingen 1984.
- Horgan, John: An den Grenzen des Wissens: Siegeszug und Dilemma der Naturwissenschaften, München 1997; Rescher, Nicholas: Die Grenzen der Wissenschaft, Stuttgart, 1984.
- Hübner Kurt: Kritik der wissenschaftlichen Vernunft, Freiburg / München 1978 (1.Aufl.), 1986 (3.Aufl.), 2002 (Studienausgabe).
- Kaku, Michio: Zukunftsvisionen. Wie Wissenschaft und Technik des 21. Jahrhunderts unser Leben revolutionieren,. München 2000
- Kuhn, Thomas S.: Die Struktur wissenschaftlicher Revolutionen, Frankfurt/M. 2003
- Küppers, Bernd-Olaf: Nur Wissen kann Wissen beherrschen: Macht und Verantwortung der Wissenschaft, Köln 2008.
- Lakatos, Imre: The Methodology of Scientific Research Programmes: Philosophical Papers Volume 1, Cambridge 1977.
- Mitchell, Sandra: Komplexitäten. Warum wir erst anfangen, die Welt zu verstehen, Frankfurt am Main 2008

- Mittelstaedt, Peter u.a. (Hrsg.): Was sind und warum gelten Naturgesetze? (Philosophia naturalis; Bd. 37,2), Frankfurt/M. 2000.
- Mittelstraß, Jürgen (Hg.): Enzyklopädie Philosophie und Wissenschaftstheorie, Bde. 1–4, Stuttgart 1995 (Sonderausgabe 2004), 2., neubearb. und wesentlich erg. Aufl. – 2005.
- Pernkopf, Elisabeth /Johannes Rauchenberger (Hg.): Wissenschaften – Machenschaften. Gespräche zwischen Forschung und Öffentlichkeit, Würzburg 2009.
- Pietschmann, Herbert: Phänomenologie der Naturwissenschaft, Berlin 1996 und Wien 2007;
- Popper, Karl R.: Logik der Forschung, Hrsg. von Herbert Keuth. 11. Aufl. durchges. u. erg. Tübingen 2005.
- Poser, Hans: Wissenschaftstheorie: Eine philosophische Einführung, Stuttgart 2001.
- Rechenberg, Helmut (Hg.): Werner Heisenberg, Deutsche und Jüdische Physik, München 1992.
- Schlageter, Wolfgang: Wissen im Sinne der Wissenschaften: Exaktes Wissen, Empirisches Wissen, Grenzen des Wissens, Frankfurt 2013.
- Schlote, Karl-Heinz (Hrsg.): Chronologie der Naturwissenschaften Der Weg der Mathematik und der Naturwissenschaften von den Anfängen in das 21. Jahrhundert, 2002.
- Schrödinger, Erwin: Was ist ein Naturgesetz? Beiträge zum naturwissenschaftlichen Weltbild, München 1997.
- Schülein, Johann August, Simon Reitze: Wissenschaftstheorie für Einsteiger, 4. Auflage, Wien, 2016.
- Schulz, Reinhard: Naturwissenschaftshermeneutik. Eine Philosophie der Endlichkeit in historischer, systematischer und angewandter Hinsicht, Würzburg. 2004
- Schurz, Gerhard: Einführung in die Wissenschaftstheorie, Darmstadt 2006.
- Seiffert, Helmut: Einführung in die Wissenschaftstheorie., 11. Aufl. München 1991.
- Seiffert, Helmut; Radnitzky, Gerard (Hrsg.): Handlexikon zur Wissenschaftstheorie. 2. Aufl. Berlin1992.
- Seubold, Günter: Heideggers Analyse der neuzeitlichen Technik, Freiburg (Breisgau), München 1986.
- Stegmüller, Wolfgang: Aufsätze zur Wissenschaftstheorie, Darmstadt, 1990.
- Trowitzsch, Michael: Technokratie und Geist der Zeit. Beiträge zu einer theologischen Kritik, Tübingen 1988.
- Walde, Peter/ Franta Kraus (Hrsg.): An den Grenzen des Wissens, Zürich 2007.

- Weizsäcker, C. F. v.: Die Tragweite der Wissenschaft. Stuttgart 1990.
- Wengenroth, Ulrich (Hrsg.): Grenzen des Wissens - Wissen um Grenzen, Weilerswist 2012.
- Wiltsche, Harald A.: Einführung in die Wissenschaftstheorie, Göttingen 2013.

- www.naturphilosophie.org
- http://www.dkfz.de/de/f030/interdisziplinaritaet/sites/wissenschaftstheorie.php

Zum Spannungsfeld und Miteinander von Naturwissenschaft und Theologie

- Anwander, Elmar, Denkweisen und Methoden der Physik und ihr Verhältnis zu Metaphysik und Theologie, in: Internationale Katholische Zeitschrift Communio 28 (1999) 235–255.
- Audretsch, Jürgen, (Hg.), Die andere Hälfte der Wahrheit: Naturwissenschaft, Philosophie, Religion, München 1992.
- Audretsch, Jürgen/Mainzer, Klaus, (Hg.), Vom Anfang der Welt: Wissenschaft, Philosophie, Religion, Mythos, München 1989.
- Bahr, Benjamin, Jörg Resa, Kristin Riebe: Faszinierende Physik: Ein bebilderter Streifzug vom Universum bis in die Welt der Elementarteilchen, Berlin/Heidelberg 2015
- Barbour, Ian G.: Naturwissenschaft trifft Religion. Gegner, Fremde, Partner?, Göttingen 2010.
- Baudler, Georg: Der freigelassene Kosmos, Mannheim 2011
- Baumann, Urs: Gott im Haus der Wissenschaften : ein interdisziplinäres Gespräch, Frankfurt am Main 2004
- Becker, Patrick: Kein Platz für Gott? Theologie im Zeitalter der Naturwissenschaften, Regensburg 2009.
- Beier, Peter, (Hg.): Was die Welt im Innersten zusammenhält. Zum Dialog der Theologie mit den Naturwissenschaften, Neukirchen-Vluyn 1997.
- Benz, Arnold und Vollenweider, Samuel Würfelt Gott? Ein ausserirdisches Gespräch zwischen Physik und Theologie, Düsseldorf 2004
- Benz, Arnold, Das geschenkte Universum: Astrophysik und Schöpfung, Düsseldorf 2009
- Benz, Arnold, Einstein und die Frage nach Gott: Das Herz des Universums, Freiburg 2005,
- Benz, Arnold: Die Zukunft des Universums. Zufall, Chaos, Gott?, (München 2001) Ostfildern ^{8}2011

- Benz, Arnold: Einstein und die Frage nach Gott: Das Herz des Universums, Freiburg 2005,
- Bromand, Joachim und Guido Kreis (Hrsg.): Gottesbeweise. Von Anselm bis Gödel, Berlin 2011.
- Collins, Francis: Gott und die Gene. Ein Naturwissenschaftler begründet seinen Glauben, Gütersloh 2007.
- Craig, William Lane , Die Existenz Gottes und der Ursprung des Universums. Wuppertal, Zürich 1989.
- Davies, Paul: Gott und die moderne Physik. Mit einem Vorwort von H. v. Ditfurth „Naturwissenschaft als Fortsetzung der Metaphysik mit anderen Mittel", München 1986.
- Dennebaum, Tonke: Urknall, Evolution – Schöpfung: Glaube contra Wissenschaft?, Würzburg 2008
- Dorschner, Johann (Hg.): Der Kosmos als Schöpfung. Zum Stand des Gesprächs zwischen Naturwissenschaft und Theologie, Regensburg 1998.
- Drossel, Barbara / Schütz, Gunter, Intelligent Design: Kann man Gottes Handeln wissenschaftlich fassen?, in: Evangelium und Wissenschaft. Beiträge zum interdisziplinären Gespräch (28(1) / 2007), S. 2-23.
- Drossel, Barbara, Die Rolle des Zufalls in der Evolution aus Sicht einer Physikerin. in: Glaube und Denken, Jhg. 23 (2010), S. 105-118.
- Drossel, Barbara: Die Rolle des Zufalls in der Evolution aus Sicht einer Physikerin. in: Glaube und Denken, Jhg. 23 (2010), S. 105-118.
- Drossel, Barbara: Leid in der Natur: die physikalischen Hintergründe, in: Evangelium und Wissenschaft. Beiträge zum interdisziplinären Gespräch (32(2) / 2011), S. 77-87.
- Drossel, Barbara: Und Augustinus traute dem Verstand: Warum Naturwissenschaft und Glaube keine Gegensätze sind, Gießen, Basel 2013
- Drossel, Barbara: Welche Tugenden braucht ein guter Wissenschaftler? Reflexionen zwischen Glaube und Naturwissenschaften, Karlsruhe 2012.
- Dürr, H.-P. (Hg.): Physik und Transzendenz. Die großen Physiker unseres Jahrhunderts über die Begegnung mit dem Wunderbaren, Bern/München/Wien 1986
- Dürr, Hans-Peter/Meyer-Abich, Klaus Michael/Mutschler, Hans-Dieter/Pannenberg, Wolfhart/Wuketits, Franz M.: Gott, der Mensch und die Wissenschaft, Augsburg 1997.
- Ewald, Günter: Die Physik und das Jenseits. Spurensuche zwischen Philosophie und Naturwissenschaft, Augsburg 1998.
- Fischer, Ernst Peter: Gott und die anderen Großen, Wahrheit und Geheimnis in der Wissenschaft, München 2013

- Ganoczy, Alexandre: Chaos – Zufall – Schöpfungsglaube. Die Chaostheorie als Herausforderung der Theologie, Mainz 1995.
- Gierer, Alfred: Die Physik, das Leben und die Seele, München 1985.
- Görnitz, Thomas u. Brigitte: Die Evolution des Geistigen. Quantenphysik – Bewusstsein – Religion, Göttingen 2008
- Gruber, Franz: Die kreative Natur und der Glaube an den Schöpfergott, in: Stimmen der Zeit 216 (1998), 302–312.
- Grün, Anselm und Michael Grün: Zwei Seiten einer Medaille – Gott und die Quantenphysik, Münsterschwarzach 2015
- Guitton, Jean; Bogdanov, Grichka und Igor: Gott und die Wissenschaft. Auf dem Weg zum Metarealismus. München 2. Aufl. 1993.
- Gutsche, Edith: Naturwissenschaft und Glaube: Orientierungshilfen, Minden 2012
- Hägele, Peter C., Mayer, R.: Warum glauben – wenn Wissenschaft doch Wissen schafft?, Wuppertal 2003.
- Hägele, Peter C.: Wunder im Visier naturwissenschaftlicher Erkenntnis. Evangelium und Wissenschaft - Beiträge zum interdisziplinären Gespräch (Karl-Heim-Gesellschaft), 31. Jg. 2010, Heft 2, S. 83-97
- Hattrup, Dieter: Einstein und der würfelnde Gott. An den Grenzen des Wissens in Naturwissenschaft und Theologie, Freiburg-Basel-Wien 2. Aufl. 2001
- Heim, Karl: Die Wandlung im naturwissenschaftlichen Weltbild (Der evangelische Glaube und das Denken der Gegenwart, Bd. V), hg. von H. M. Niedermeier, Wuppertal 41975 (11951).
- Heisenberg, Werner: Naturwissenschaftliche und religiöse Wahrheit, in: ders., Gesammelte Werke, hg. von W. Blum, H.-P. Dürr und H. Rechenberg, Abt. C, Bd. 3, München 1985, 422–439.
- Hilpert, Konrad/Hasenhüttl, Gotthold, (Hg.): Schöpfungstheologie und Selbstorganisation. Beiträge zum Gespräch zwischen Schöpfungstheologie und Naturwissenschaften, Paderborn 1999.
- Hübner, Jürgen: Die Theologie Johannes Keplers zwischen Orthodoxie und Naturwissenschaft, Tübingen 1975.
- Hübner, Jürgen: Die Welt als Gottes Schöpfung ehren. Zum Verhältnis von Theologie und Naturwissenschaft heute, München 1982.
- Hübner, Jürgen, (Hg.): Der Dialog zwischen Theologie und Naturwissenschaft. Ein bibliographischer Bericht, München 1987.
- Hübner, Jürgen/Stamatescu, Ion-Olimpiu/Weber, Dieter (Hg.): Theologie und Kosmologie. Geschichte und Erwartungen für das gegenwärtige Gespräch, (Religion und Aufklärung 11), Tübingen 2004.
- Hübner, Kurt: Glaube und Denken, Tübingen 2001.

- Isak. R. (Hg.): Glaube im Kontext naturwissenschaftlicher Vernunft, Freiburg i. Br. 1997.
- Jammer, Max: Einstein und die Religion. Mit einem Vorwort von J. Audretsch und einem Beitrag von C. F. v. Weizsäcker, Konstanz 1995.
- Johannes Paul II.: Enzyklika Fides et ratio an die Bischöfe der katholischen Kirche über das Verhältnis von Glaube und Vernunft. Hg. v. Sekretariat der Deutschen Bischofskonferenz (Verlautbarungen des Apostolischen Stuhls 135), Bonn 1998
- Jordan, Pascual: Der Naturwissenschaftler vor der religiösen Frage. Abbruch einer Mauer, Oldenburg/Hamburg 1963.
- Koltermann, Rainer: Universum – Mensch – Gott. Der Mensch vor den Fragen der Zeit, Graz/Wien/Köln 1997
- Koncsik, Imre: Grundlagen eines Dialogs der Theologie mit den Naturwissenschaften, in: Wissenschaft und Weisheit 61 (1998), 287–308.
- Koncsik, Imre: Wirkt Gott überhaupt in der Welt? Theologen und Naturwissenschaftler im Gespräch, Renovatio 54 (1998), 163–175
- Krabbe, Alfred / Pailer, Norbert: Der vermessene Kosmos: Ursprungsfragen kritisch betrachtet, Holzgerlingen 2006.
- Krabbe, Alfred / Valet, Hans Wolfgang (Hrsg.): Kosmologie: Die Wissenschaft vom Universum und der Glaube an Gott, den Schöpfer, Marburg 2001.
- Krafft, Fritz: "... denn Gott schafft nichts umsonst!" Das Bild der Naturwissenschaft vom Kosmos im historischen Kontext des Spannungsfeldes Gott - Mensch – Natur, Münster 1999.
- Krause, Helmut: Theologie, Physik und Philosophie im Weltbild Karl Heims. Das Absolute in Physik und Philosophie in theologischer Interpretation, Frankfurt/M.-Berlin-Bern-New York-Paris-Wien 1995.
- Kropac, Ulrich: Naturwissenschaft und Theologie im Dialog. Umbrüche in der naturwissenschaftlichen und logisch-mathematischen Erkenntnis als Herausforderung zu einem Gespräch (Studien zur systematischen Theologie und Ethik, 13), Münster 1999.
- Küng, Hans: Der Anfang aller Dinge. Naturwissenschaft und Religion, München 2006
- Lebkücher Anja: Theologie der Natur: Wolfhart Pannenbergs Beitrag zum Dialog zwischen Theologie und Naturwissenschaft, Neukirchen 2011.
- Lennox, John: Hat die Wissenschaft Gott begraben? Eine kritische Analyse moderner Denkvoraussetzungen, Witten [8]2009.
- Lennox, John: Stephen Hawking, das Universum und Gott, Witten 2011.

- Leser, Norbert: Gott lässt grüßen: Wider die Anmaßung des Reduktionismus und Evolutionismus, Wien 2013.
- Lexikon der Naturwissenschaftler, Red. Rolf Sauermost, Heidelberg 2000
- Loibl, Hans J. von, Katharina Staedtler/Karin Ulrich-Eschemann (Hrsg): Gott und die Wissenschaften. Hochschuldialog und Ringvorlesung an der Universität Erlangen-Nürnberg Wintersemester 2004/2005, Münster 2005.
- Losch, Andreas /Frank Vogelsang (Hg.): Wissenschaft und die Frage nach Gott: Theologie und Naturwissenschaft im Dialog. Mit einem Geleitwort von Harald Lesch, 2015
- Lüke, U. / Souvignier, G. / Schnakenberg, J. / Meisinger, H. (Hrsg.), Gottesbilder an der Grenze zwischen Naturwissenschaft und Theologie, Darmstadt 2008.
- Lütz, Manfred: Missionarischer Atheismus. Richard Dawkins Bestseller "Gotteswahn" mutet wie der Kreuzzug eines Blinden gegen die Farbe an. In: Die Welt, 13.10.07.
- McGrath, Alister: A Fine-Tuned Universe: The Quest for God in Science and Theology, Louisville 2009.
- McGrath, Alister: Naturwissenschaft und Religion: Eine Einführung, Freiburg / Basel / Wien 2001.
- McGrath, Alister - McGrath, Joanna Collicutt: Der Atheismus-Wahn. Eine Antwort auf Richard Dawkins und den atheistischen Fundamentalismus, Asslar 2007.
- Meisinger, Hubert und Jan C. Schmidt (Hg.): Physik, Kosmologie und Spiritualität. Dimensionen des Dialogs zwischen Naturwissenschaft und Religion, Darmstädter Theologische Beiträge zu Gegenwartsfragen Bd. 11, Frankfurt 2006.
- Moos, Walter S.: Gott und die Physik. Über Naturwissenschaft und Religion, Düsseldorf 2002
- Mortensen, Viggo: Theologie und Naturwissenschaft. Aus dem Dänischen übersetzt von E. Harbsmeier, Gütersloh 1995.
- Müller, H. A.: Naturwissenschaft und Glaube. Namhafte Natur- und Geisteswissenschaftler auf der Suche nach einem neuen Verständnis von Mensch und Technik, Gott und Welt, München 1993
- Mutschler, Hans-Dieter: Physik – Religion – New Age, Würzburg 1990.
- Mutschler, Hans-Dieter: Physik und Religion. Perspektiven und Grenzen eines Dialogs, Darmstadt 2005
- Neininger, Rosemarie: Welt verstehen – an die Schöpfung glauben. Zum Dialog zwischen physikalischer und theologischer Weltdeutung, Paderborn-München-Wien-Zürich 2010

- Niemz, Markolf H.: Sich selbst verlieren und alles gewinnen: ein Physiker greift nach den Sternen, Freiburg im Breisgau 2015
- Padberg, Lutz von: Die Bibel – Grundlage für Glauben, Denken und Erkennen, Neuhausen-Stuttgart 1986.
- Pannenberg, Wolfhart: Systematische Theologie, Bd. I-III, Göttingen 1988/1991/1993.
- Peacocke, Arthur: Gottes Wirken in der Welt. Theologie im Zeitalter der Naturwissenschaften, Mainz 1998.
- Peitz, Heinz-Hermann: Kriterien des Dialogs zwischen Naturwissenschaft und Theologie. Anregungen aus dem Werk Karl Rahners, Innsbruck/Wien 1998.
- Plantinga, Alvin, Where the Conflict Really Lies: Science, Religion, and Naturalism, Oxford 2011.
- Polkinghorne, John C.: An Gott glauben im Zeitalter der Naturwissenschaften: die Theologie eines Physikers, Gütersloh 2000
- Riecken, Friedo (Hg.), Klassische Gottesbeweise in der Sicht der gegenwärtigen Logik u. Wissenschaftstheorie, Stuttgart 1991.
- Sautter, H. (Hrsg.): Wer glaubt, weiß mehr!? Wissenschaftler nehmen Stellung, Witten 2008
- Schneider, Hermann: Der Urknall und die absoluten Datierungen, Neuhausen-Stuttgart 1982.
- Schröder, Wilfried: Naturwissenschaft und Religion. Versuch einer Verhältnisbestimmung, dargestellt am Beispiel von Max Planck und Werner Heisenberg, Potsdam-Bremen 1999.
- Schwarz, Hans: 400 Jahre Streit um die Wahrheit - Theologie und Naturwissenschaft, Göttingen 2012
- Sombek, Theo/Axel Vering/Albrecht Villert: Das Bild von der Welt in Naturwissenschaft und Theologie, Göttingen 1993.
- Stock, Konrad, (Hg.): Zeit und Schöpfung, Gütersloh 1997.
- Süßmann, Georg, (Hg.): Glaube und Naturwissenschaft. Quellentexte, überarbeitet und ergänzt von H. R. Rapp, Göttingen ^{5}1981.
- Timm, Hermann: Glaube und Naturwissenschaft in der Theologie Karl Heims. Mit einem Vorwort von H. E. Tödt, Witten/Berlin 1968.
- Tipler, Frank J.: Die Physik der Unsterblichkeit. Moderne Kosmologie, Gott und die Auferstehung der Toten, München 1994.
- Tipler, Frank J.: Die Physik des Christentums : ein naturwissenschaftliches Experiment, München 2008.
- Wachter, Daniel von: Die kausale Struktur der Welt. Eine philosophische Untersuchung über Verursachung, Naturgesetze, freie Handlungen, Möglichkeit und Gottes kausale Rolle in der Welt, Freiburg 2009.

- Weinhardt, Birgitta Annette/ Joachim Weinhardt (Hrsg): Naturwissenschaften und Theologie II. Wirklichkeit: Phänomene, Konstruktionen, Transzendenzen, Stuttgart 2014.
- Weizsäcker, Carl Friedrich von: Notizen zum Gespräch über Physik und Religion, in: ders., Der Garten des Menschlichen. Beiträge zur geschichtlichen Anthropologie, Frankfurt a. M. 1980, 328f.
- Weizsäcker, Carl Friedrich von: Zum Weltbild der Physik. Mit neuem Vorwort: Rückblick nach 46 Jahren, Stuttgart [13]1990.
- Welker, Michael: Was leistet die Metaphysik Whiteheads für das Gespräch zwischen Theologie und Naturwissenschaft? in: R. Isak (Hg.), Glaube im Kontext naturwissenschaftlicher Vernunft, Freiburg i. Br. 1997, 97–109.
- Welker, Michael: The Theology and Science Dialogue: What Can Theology Contribute (Theologische Anstöße), Neukirchen- Vluyn 2012.
- Wuchterl, Kurt, Kontingenz oder das Andere der Vernunft. Zum Verhältnis von Philosophie, Naturwissenschaft und Religion, Stuttgart 2011.
- Wüthrich, Matthias D.: Raum Gottes: Ein systematisch-theologischer Versuch, Raum zu denken, Göttingen 2015
- Zeller, Dieter, (Hg.): Religion im Wandel der Kosmologien, Frankfurt a. M. u.a., 1999.

- https://www.theologie-naturwissenschaften.de/

Zur Schöpfungslehre und zur Hermeneutik der Schöpfung

- Lehrbücher der Dogmatik

- Bayer, Oswald: Schöpfung als Anrede: zu einer Hermeneutik der Schöpfung, Tübingen 2., erweiterte Auflage 1990.
- Bedford-Strohm, Heinrich (Hg.): Und Gott sah, dass es gut war. Schöpfung und Endlichkeit im Zeitalter der Klimakatastrophe, Neukirchen-Vluyn 2009.
- Bieler, M.: Freiheit als Gabe. Ein schöpfungstheologischer Entwurf, Freiburg 1991.
- Burrell, David B., Carlo Cogliati, Janet M. Soskice: Creation and the God of Abraham, Cambridge u.a. 2010.
- Dorschner, J. (Hrsg.): Der Kosmos als Schöpfung, Regensburg 1998.
- Evers, Dirk (2005): Chaos im Himmel. Die Entwicklung der modernen Kosmologie und ihre Tragweite für die christliche Rede vom Himmel. Jahrbuch für Biblische Theologie 20: 35-58.
- Evers, Dirk: Raum – Materie – Zeit. Schöpfungstheologie im Dialog mit naturwissenschaftlicher Kosmologie, Tübingen 2000.

- Groh, Dieter: Schöpfung im Widerspruch. Deutungen der Natur und des Menschen von der Genesis bis zur Reformation. Frankfurt/M. 2003.
- Gruber, F.: Im Haus des Lebens. Eine Theologie der Schöpfung, Regensburg 2001
- Harald Wagner: Die Schöpfung - Der Wille Gottes zur Communio, in: Studienbücher Theologie: Dogmatik Bd 18. Stuttgart 2003.376-435.
- Kaiser, O.: Die Schöpfungsmacht des Wortes Gottes, in: Internationale katholische Zeitschrift "Communio" 30 (2001) 6-17.
- Keel, Othmar/Silvia Schroer: Schöpfung. Biblische Theologien im Kontext altorientalischer Religionen, Göttingen 2002.
- Kessler, H.: Das Stöhnen der Natur. Plädoyer für eine Schöpfungsspiritualität und Schöpfungsethik, Düsseldorf 1990
- Kraus, G.: Welt und Mensch. Lehrbuch zur Schöpfungslehre (Grundriß der Dogmatik 2), Frankfurt 1997
- Krause, A.: Die beste mögliche Welt: Überlegungen im Anschluss an Thomas von Aquin, in: Theologie und Philosophie 87 (2012), 193-207.
- Link, C.: Schöpfung. Schöpfungstheologie in reformatorischer Tradition (Handbuch Systematischer Theologie 7/1), Gütersloh 1991
- Link, Chr..: Gottesfrage und Schöpfungsglaube. Theologische Studien, Neukirchen-Vluyn 1997.
- Löning, K. / Zenger, E.: Als Anfang schuf Gott. Biblische Schöpfungstheologien, Düsseldorf 1997
- MacFague, S.: Die Welt als Gottes Leib, in: Concilium 38 (2002) 154-160.
- Meghesan, D.: Die Schöpfung Gottes - die Harmonie der göttlichen Logoi, in: Doing theology in a global context (FS Hans Schwarz) Bangalore 2009, 133-140.
- Meisinger, Hubert /Jan C. Schmidt (Hg.): Physik, Kosmologie und Spiritualität. Dimensionen des Dialogs zwischen Naturwissenschaft und Religion. Lang, Frankfurt/M. 2006
- Moltmann, J.: Gott in der Schöpfung. Ökologische Schöpfungslehre, 4. Aufl. München 1993
- Pannenberg, Wolfhart: Systematische Theologie, Bd. I-III, Göttingen 1988/1991/1993.
- Sattler, D. / Schneider, T.: Schöpfungslehre, in: Handbuch der Dogmatik, Bd. 1 (1992), 120-238
- Scharbau F.-O. Schöpfungsglaube - von der Bioethik herausgefordert, Erlangen 2001.
- Scheffczyk, Leo: Schöpfung als Heilseröffnung. Schöpfungslehre (L. Scheffczyk/A. Ziegenaus, Katholische Dogmatik, Bd. 3), Aachen 1997.
- Scherer, Georg: Welt – Natur oder Schöpfung?, Darmstadt 1990.
- Schmid, K.: Schöpfung, Themen der Theologie 4, Tübingen 2012

- Simonis, Walter: Über Gott und die Welt. Gottes- und Schöpfungslehre, Düsseldorf 2004.
- Sölle, D.: Lieben und arbeiten. Eine Theologie der Schöpfung, Hamburg 1999.
- Welker, M. Schöpfung und Wirklichkeit (Neukirchener Beiträge zur systematischen Theologie 13), Neukirchen-Vluyn 1995.
- Wilckens, Ulrich/ Gunther Geipel: Theologie als Lobgesang. Eintauchen in die Tiefe und Weite der Anbetung, Hannoversch Münden 2015.

Übergreifend zu allen o.g. Themen

- **EKL^3**: Evangelisches Kirchenlexikon. Internationale theologische Enzyklopädie, Hg. von E. Fahlbusch, J. M. Lochman, J. Mbiti, J. Pelikan u. L. Vischer, Göttingen ^{3}1986-1997.
- Evangelisches Lexikon für Theologie und Gemeinde, 3 Bände, Hrsg. von H.Burkgardt und U. Swarat in Zusammenarbeit mit O.Betz, M. Herbst, G. Ruhbach, Th. Sorg, Wuppertal 1998.
- **LThK^3:** Lexikon für Theologie und Kirche, Hg. von W. Kasper, 11 Bd.., Freiburg ^{3}1993-2002. (Sonderausgabe 2009)
- **RGG^4**: Religion in Geschichte und Gegenwart, 8 Bde.. +Registerband, Tübingen ^{4}1998ff.
- **TRE**: Theologische Realenzyklopädie, Hg. von G.. Müller, 36 Bände, Berlin/ New York 1972-2004 (zudem zwei Registerbände und ein Abkürzungsverzeichnis)

Printed by Books on Demand GmbH, Norderstedt / Germany